溝通交響樂：
大學生的人際溝通

王淑俐　著

王淑俐教授：自由的教育工作者

學歷：臺灣師範大學教育學博士

現任：世新大學、中國文化大學、臺灣科技大學、政治大學等兼任教授

法官學院、國家文官學院、臺北市公務人員訓練中心、職業訓練局、各大醫院等講座（主題：職場倫理與行政溝通、情緒管理、時間管理、危機處理與問題解決、臨床師資培訓）

經歷：1994～1999 年：中國文化大學教育學程中心專任教授兼學生輔導中心主任

1998 年：教授升等（教字第 9767 號）

1999～2004 年：世新大學師資培育中心教授兼主任

2004 年，辭去專職，成為「自由的教育工作者」，以充裕時間進行「教學實驗」，追求教育的公平正義。曾任教於臺北商業技術學院、臺北科技大學、體育大學、清華大學、實踐大學、臺北市立教育大學、臺灣師範大學、臺北教育大學。

2014 年，籌設「無國界教師組織」，匯集教育工作者的力量，共同扶助教育弱勢，維護教育之公平正義。

授課：世新大學：情緒管理、溝通與口語表達訓練、人際關係與溝通、情愛溝通

中國文化大學：心理學、社會心理學

臺灣科技大學：溝通與口語表達訓練、領導與溝通

政治大學：人際關係與溝通、補救教學、生涯規劃、輔導原理與實踐

空中大學：人際溝通的藝術、銀髮族生活規劃

人際關係相關著作：

- 《為師最樂：現代師生倫理與溝通技巧》（南宏）
- 《師生關係與班級經營》（三民，與陳奎熹等合著）

- 《教師說話技巧：教師口語表達在教學與師生溝通上的運用》（師大書苑）
- 《教師說話技巧（一）：圓融的人際關係》（教育部）
- 《做個「教學溝通」的智者》（師大書苑）
- 《溝通其實不簡單：教育及學校行政溝通的理論與實踐》（五南）
- 《理解與寬恕：學校溝通事件及解析》（揚智，與高強華、李玲惠合著）
- 《你的溝通有沒有用：教師及父母的說話效能》（心理）
- 《有話好說：邁向圓融的人際溝通》（南宏）
- 《領袖可養成：領導語言的藝術與智慧》（南宏）
- 《語言表達你我他》（幼獅）
- 《人際關係與溝通》（三民，大專用書）
- 《人際關係與溝通》（東大，高職教科書）
- 《貼心話：成熟的人際溝通》（黎明）
- 《人際溝通的藝術》（空中大學，與曾端真、張德聰合著）
- 《會做人，才能把事做好》（三民）
- 《人際關係與溝通技巧》（揚智，與鄭佩芬合編）
- 《做人難・不難：職場溝通的 10 堂講座》（三民）
- 《遇見・幸福：情愛溝通的 22 堂課》（三民）
- 《快！別錯過：好父母的 12 堂課》（心理）

自序

我從讀碩士班至今一直教授「人際溝通」方面的課程，當時大多是對成人的「終身教育」（如社教館），而今則成為大學的正式課程。

受到「少子化」及「個人主義」的影響，現代大學生較欠缺人際溝通及衝突化解的能力。「個性」凌駕「群性」之上，不易有「犧牲小我，成全大我」的作為，團隊合作的困難度提高；加上自由、民主、平等風氣的推波助瀾，大學生與長輩及平輩，彼此都覺得難以溝通。

但，年輕人真的那麼蠻不講理或強詞奪理嗎？其實他們大多有打工經驗，也知道進入職場要注意人際關係與溝通的問題。所以，與其責怪他們不懂禮貌、不為別人著想，不如給他們更多培養同理心及磨練溝通能力的「實習情境」。

現代大學生有更大的競爭壓力，但也激發出更多學習動機。所以每到期末我讀到他們的學習心得，總因他們自覺在人際溝通上學習效果顯著，讓我有持續下去的教學熱忱。所以，我以若干學生的期末心得代替序言：

*我很喜歡跟別人說話，但因不太注意溝通技巧而常得罪人或給人留下不好印象，事後想起非常後悔與懊惱。上過「領導與溝通」課程後，我覺得自己與人溝通的方式及想法跟以前不一樣了。我養成了新的溝通習慣，如：面帶笑容、保持快樂的心情、主動打招呼跟問候、多觀察對方與使用同理心等。可能因為覺得我好相處吧！現在我認識的新朋友比以往多了。以前只跟喜歡的人打交道，沒興趣的就不怎麼理睬。現在才發覺這樣是絕對不行的，廣結善緣才是好事。

*因為「溝通與口語表達訓練」課程的關係，我們組員變得很有向心力，大家總可以閒聊個兩句，並且真心地互相幫忙，而不是為了小組報告而虛偽發言或冷冷地去工作。大家來自不同的科系，當中還有一位陸生同學，自然可以互相彌補，也讓自己增加視野。我們下個星期還約好下課後全組一起去吃飯呢！上課可以學到東西又交到好朋友，實在一舉兩得！

＊「溝通與人際關係」課程所說關於職場同事之相處，讓我印象深刻。不管與主管的關係再好，也要有一定的界線與距離，否則就容易「以下犯上」，得罪主管而不自知！現在儘管我與主管的感情深厚，但在措辭上仍要盡量使用與平輩不一樣的詞彙，不僅能表達尊重，也讓主管覺得我是成熟的，卻不感到做作。

＊擁有能言善道的嘴巴和隨機應變的頭腦，比起滿腹學問更可在這個社會為自己加分。「人際關係與溝通」這堂課，可說是印證了我父母的論點。老師提供很多不同溝通技巧的練習機會，引領我們去應付各種突發或人際衝突的狀況，讓我受益良多！

＊我不喜歡跟人交談，因為我很難流利的與人侃侃而談。也許是太害羞吧！團體活動時我總是默默的那一群。分組讓我有點困擾，也許是孤獨慣了，加入團體總是不得不的決定，也因為如此我無法在團體中順利表達想法而錯失不少好機會。這堂課因為跟組員幾次的討論、安排戲劇，我漸漸可以跟組員談話、開玩笑了。雖然還不能放得開，但已經是了不起的突破啦！

＊人總是自私的，不管任何時候往往只想到自己的利益，而將責任推給他人或逃避自己的工作；卻沒想到若我不做，就有人必須多出一份力，而且他人對我也會留下不好的印象，日後選組員時不會再接受我。倘若我能以同理心主動分擔組員的工作，不僅使團隊運作更加順利，別人一定對我有好印象；日後當我遇到困難，便會適時伸出援手。

＊我記得老師分享了身為老師面對學生，無論如何都要保持適當的態度。儘管趕時間，仍要對同學說：「不要急，慢慢來，老師還有一分鐘。」其實不管各行各業，人際溝通都是不分階級、平等的；追求美好的生活，就必須要有良好的溝通技巧。

＊因為是大學的最後一學期，我辭掉打工，想把重心放回家人身上。父親因為經濟上的原因對我們懷有愧疚，每次喝完酒總會一直抱歉。就在這學期有一次我回家時，對父親說出放在心裡的一段話：「爸爸！你是我的同學當中最好的一位爸爸，我每次在外面提起你，總是滿滿的驕傲，你是最偉大的爸爸！」在家人溝通上，這學期我進步非常多。之前或許是打工及課業較忙，我不是一個愛回家的人，這學期他們應該對我改觀了。希望我能在不斷反省中成長，讓父母講起我時也是驕傲的。

＊老師常提醒我們要關心缺席的同學，我心有戚戚焉。「關心別人」是上了大學較缺乏的部分，因為覺得大家都是成年人，不想讓對方覺得干涉別人的生活。身為大學生大概也知道其他人沒來上課的原因，例如：準備考試或寫作業、睡過頭、心情不好等。但看到那麼多大學生孤單、身心症或因壓力而自殺的案例，就知道其實只是一句關心，就可能阻止悲劇的發生。在這個工商社會，我們害怕付出會沒有回報甚至受傷害，所以過於小心翼翼吧！

＊「親密易生侮慢之心」，這是老師在「情愛溝通」課堂上說過的話，我把它大大的寫在記事本上，這句話點出了我與家人、朋友，甚至是男朋友方面沒注意到的問題。有時候和對方太親密而自以為了解他，就忘記對方的身分或想法與自己有差距。他們「沒有必要」對我那麼好，即使是自己的男朋友。這句話也讓我發現，在接受別人的好時，常忘了要記得對方的好。

＊我原本以為自己害羞、在人際關係中退縮，而且對人際互動充滿焦慮。但在溝通的課堂上，我似乎沒有害羞的樣子，也沒有在和同學討論時感到焦慮，還交到一些好朋友。我覺得和同組同學合作完成報告、一起討論各種人際關係與溝通的議題，是一件很開心的事。與他人建立良好的人際關係似乎沒有我想像得那麼難，這是選這門課時沒有料想到的收穫。

＊這學期我為自己的人際關係做了許多努力，除了師生關係、同儕關係、家人關係之外，我還必須面對身為專題生，與指導教授、督導、主任和校長的關係。後者常令我不知所措，迫使我反思自己在不同人際關係中的樣貌，也積極思考如何與他人建立良好的人際關係，學習以差異化溝通方式面對不同類型的人。

＊在教育學程「人際關係與問題」的課堂上，我們探討校內老師之間的人際關係，發現與同事、下屬及主管，有許多微妙的人際互動及需要注意的禮節，像是有同事結婚或生小孩要包多少錢，這也可能隱藏許多衝突。影響人際互動的因素中包含對自己的接納，如果連自己都討厭自己，不能和自己好好相處，又怎麼期望別人喜歡我呢？若太在意他人對我的評價、深怕有人不喜歡我，這種不合理的想法也會使我們動輒得咎。這世界上本來就沒有人可以被所有人喜歡，也不需要被所有人喜歡。

＊當有人做出讓我不舒服的事情時，我並不會誠實的說出來，而是裝出一副沒關係的樣子。其實如果能真誠的和對方溝通，不僅能化解對彼此的誤會，也能處理人際關係中的衝突。有一次上課時，我們討論人際互動使用的語言，哪些會讓人感到不舒服。有時不經意說出來的話，可能不小心傷害他人或造成不必要的誤會，因此說話時應該小心。

本書為符合現代大學生的狀況，以順利銜接畢業後業界的要求，在撰寫時我儘量使用大學生的案例，並請幾位大學生（或剛畢業的大學生）擔任「校園記者」實況報導。使大學生在「儲備」溝通力與領導力方面，有更多「真實學習」的機會。

本書的章名頁插畫以及每章最後「補充教材與課後自學」的第三篇之小說、動畫、漫畫介紹文，作者皆為國立臺灣師範大學歷史系的胡鈞怡同學，在此一併致謝。

讓我們也和大學生一起學習溝通，因而「教學相長」吧！

王淑俐

2014 年 6 月 19 日

目次 CONTENTS

第一章 大學生的溝通困擾與學習目標 001
第一節 大學生為什麼「必須」學習溝通？ 003
第二節 大學生的「溝通迷思」 008
第三節 大學生學習溝通的目標 012

第二章 溝通的起步：分享、傾聽與同理心 021
第一節 分享的意義與價值 023
第二節 傾聽的效能及技巧 025
第三節 值得精進的同理心 029

第三章 非語言溝通技巧：笑容、儀態與高品質的聲音 039
第一節 笑容和儀態的練習 041
第二節 高品質的聲音 049

第四章 演講與辯論能力的必要與訓練 059
第一節 演講能力的價值與演練 061
第二節 演講稿的撰寫原則：有稿與即席演講 068
第三節 辯論的意義與訓練 070

第五章 同儕關係與人脈經營 077
第一節 人脈的範圍與重要 079
第二節 人脈的經營 083
第三節 自我介紹：建立良好印象的必要與訣竅 088

第六章 團體協調與團隊合作......095
第一節 團隊合作的困難......097
第二節 如何增加團體凝聚力......101
第三節 團體協調的方法......103

第七章 打工、與未來的職場溝通......111
第一節 打工的收穫與應有的態度......113
第二節 職場倫理與溝通技巧......117
第三節 如何與上司相處？......122

第八章 親情的維繫與轉型......129
第一節 大學生的家人關係......131
第二節 大學生與家人的衝突......137
第三節 大學生如何增進家人關係......140

第九章 愛情的開展與磨合......147
第一節 什麼是真愛？......149
第二節 愛情中的理性......152
第三節 愛情的增溫與降溫......155

第十章 領袖的挑戰與素養......163
第一節 成為領袖的意義與價值......165
第二節 領導的困境與挑戰......167
第三節 儲備領袖力......172

第十一章 擺脫人際災難......179
第一節 人際災難的意義與原因......181
第二節 人際災難的化解與預防......188

參考文獻......195

Chapter 1 大學生的溝通困擾與學習目標

聽聽大學生的心裡話

我 20 歲，大學二年級，該算大人還是孩子？

如果算大人，為什麼連我自己都不相信？因為我還不習慣甚至不喜歡成人世界的虛假與世故。若說我是孩子我也不服氣，憑什麼認為我都不懂、不信任我的判斷與選擇？

父母師長有時讚美我穩重、有辦事能力，有時又帶著不放心的口吻說：「人生海海！事情沒有你想像得那麼簡單。」我自己也很矛盾，一方面我需要長輩的協助與肯定，另一方面卻又不喜歡被他們壓迫而無法自主。

父母師長在大學時期真的比我們負責、敬業、有禮貌嗎？否則，為什麼他們常說：「一代不如一代！」我同意兩代甚至三代之間的差異真的不小，因為我和爸爸、媽媽、爺爺、奶奶常常「講不通」！

現代社會的人際關係比起父母的民歌時代，複雜得多吧！上一代的溝通經驗不一定能「複製」到我們身上，我覺得還是自己探索與體會比較實際！

我承認，溝通沒那麼簡單！即使平輩之間也未必好商量。同班或同社團以及打工的地方，有些年齡相近的人，似乎更令人難以忍受、覺得不可思議。

我不在乎別人怎麼想，我只想做自己。但在目前的大學生活或未來職場上，這樣應該行不通吧！我現在打工的店長很愛挑毛病、不好商量，我能不在乎他嗎？啊！客人來了，我得快去招呼，否則店長又要碎碎唸了。

第一節　大學生為什麼「必須」學習溝通？

狄更斯（Charles John Huffam Dickens, 1812-1870）的名著《雙城記》（*A Tale of Two Cities*），以法國大革命時代為故事背景，開頭即震撼有力：

那是最好的時代，也是最壞的時代；
是智慧的時代，也是愚蠢的時代；
是信仰的時代，也是懷疑的時代；
是光明的季節，也是黑暗的季節；
是充滿希望的春天，也是令人絕望的冬天；
我們的前途擁有一切，我們的前途一無所有；
我們正走向天堂，我們也走向地獄。

這首詩對於「此時此地」的大學生，應該也適用吧！在「人際關係與溝通」方面，是否類似上述所說一體兩面、正反兼容的狀態？若將詩文改編，那麼：

這是言論最開放的時代，也是內心最封閉的時代；
是頭頭是道的時代，也是強詞奪理的時代；
是信任的時代，也是質疑的時代；
是明白的季節，也是盲目的季節；
是理性和平的春天，也是不可理喻的冬天；
我們最討厭的人，我們最該接納；
我們最喜歡的人，我們也最該小心。

一、民主社會的人際溝通

若要追求美好的人際關係，就應接受「和諧與衝突」、「天堂與地獄」同時存在，而且是生命共同體、無法二分。如今講求自由、平等、民主、法治的時代，人際溝通除了要有「新思維」，也要注意「魔鬼藏在細節中」。

以「新思維」來說，今日社會的變遷及轉型十分快速，不僅性別、年齡、價值觀、政治或宗教等差異，會造成人際溝通的困難。通訊及網路科技的發達，也使人際溝通的管道或模式大不相同。若不能配合而更新、建立新觀念，即可能產生對立與衝突，造成無法彌補的損傷。新觀念如：教育機會均等、多元性別、性別平等、世代交替、反霸凌、家暴防治等，若不能隨著法治與教育而扭轉，就會在有意無意中歧視與傷害他人，也給自己帶來莫大困擾。

以「魔鬼藏在細節中」來說，如今大量使用網路傳播的年代，訊息瞬間傳遞且無遠弗屆；此時更需「反省」與「反思」，凡事有利有弊，在接受新科技之時，有需要全部推翻舊傳統嗎？例如：

寫信及打電話已經落伍、必須淘汰了嗎？
說話或表達不再需要深思熟慮、字斟句酌了嗎？
聽到或收到對方訊息，能回味無窮或三思而後言嗎？
資訊科技使人際關係更美好、溝通更順暢嗎？
相聚、陪伴與面對面的談心是浪費時間嗎？

二、重視溝通不等於擅長溝通

許多人嘴上說「重視溝通」，其實不見得「擅長溝通」。否則：

公共場合為何充斥「有我無人」的喧譁？
親密家人為何「親近而生侮慢之心」？

工作夥伴為何意見不合就直言批鬥？

學生為何不能理解老師的用心？

下屬為何誤認上司是專制暴君？

許多無休無止、勢不兩立的爭鬥，為何不能化解？

溝通的「基本功」聽來不難，如：微笑、目光接觸、鞠躬、打招呼、輕聲細語、傾聽、尊重、守時、守信等，困難在於「實踐」。蘇格拉底（Socrates, 469-399 B.C.）說：「真知即篤行」，儒家哲學認為「知德即行德」。也就是說，「確實了解」為什麼要這麼做時，才可能表裡一致、始終如一。而且對所有人一視同仁，沒有分別心或雙重標準。如天主教的結婚誓詞：「我〇〇〇接受你〇〇〇作為我合法的已婚妻子（丈夫）。擁有並持有，從這天開始，是好、是壞，是富、是窮，是健康、是疾病，直到死亡將我們分開。」由誓言可見，美好的婚姻不論年齡、財富、外表、心情、健康的變化，能一直「無條件的接納」。健康的親子關係或其他人際關係，也應如此。

但，真實的世界卻「沒那麼簡單」（黃小琥演唱，姚若龍作詞，蕭煌奇作曲）：「沒那麼簡單，就能找到聊得來的伴」，即使親密關係——愛侶與家人，也是「相愛沒有那麼容易，每個人有他的脾氣」。

三、大學生的人際溝通功課

現代大學生在優渥的環境中成長，受到的呵護較多，加上父母、師長採取民主管教，所以敢於「挑戰權威」。然而，父母、師長疼愛與關心大學生之餘，仍得思考是否保護過度或標準過寬？使他們將來被業界認為「不好用」。

即使聰明或頂尖大學的畢業生，也需學習溝通。如報上的一篇報導：〈年輕人「像貓」　求職會很吃虧〉（王昭月，2013），這是高雄第一科技大學學務長陳其芬的感慨，她說：

「自己那個年代的職場新鮮人『像狗』，只會點頭、搖尾；新一代年輕人則自我意識高張、內心剛硬，欠缺溝通力，平時對人愛搭不理，需要別人時又黏著不放，『像貓一樣』！」

在陳學務長任教的大學，大一開始就推動「職涯輔導」，如：定向訓練、講座、模擬面試、教寫履歷、安排實習機會。但她認為，大學生在人際溝通方面的「功課」，不是一、兩堂課教得來的。即使是高材生，大學畢業後也會發現自己在人際溝通方面的知識與能力不足。而有機會擔任小主管，也可能因應付複雜多變的人際關係而感到挫敗。

大學生的人際關係與溝通困擾

政治大學校園記者　簡嘉貞

大學比中學多了許多認識新朋友的機會，例如：系上迎新、通識課程分組或是課外及社團活動。相對的人際關係也複雜許多，因此要注意溝通的方式，以免不小心得罪或傷害別人。以下分四個狀況說明。

‧攸關學校課業——同儕作業分工

「分工的時候，可不可以分一些不需要動腦筋的工作給我？」小婷說。每次小組討論，聽到這樣的話就讓人莫名火大。小婷是推甄進來的，讀了一陣子發現志不在此，所以漸漸淡出系上活動，甚至連課都不太來上！

基於大一的交情，分組時大家不想丟下她，卻得分擔她的工作。因為硬把工作交給她，情況可能更糟！大家一面耗盡心思幫她安排簡單的工作，一面默默扛起屬於她的工作，不免感到筋疲力竭，開始有所抱怨……

‧如何表現禮貌——與師長的關係

小雨不喜歡繁文縟節，有一次擔任營隊負責人，須邀請某位老師擔任講座。他以電子郵件進行，卻被老師以「有事，謝謝」拒絕。那位老師的助理事後告訴小雨，老師對他寫信的格式有些微詞，覺得他不夠禮貌，不像學生寄給老師的邀請信。小雨很震驚，自覺已經很小心了，卻和老師的想法有落差。

‧每天息息相關——與室友的相處關係

大一新生對住校生活既期待又怕受傷害，與學校分配的四個陌生人，能不能發展出友誼呢？一開始還不錯，大家很健談，興奮地聊到睡不著，還約了好多行程。一段時間之後，小佳的行為開始令人困擾。她的交遊廣闊，每天網路聊天到凌晨三、四點，敲打鍵盤的聲音好似機關槍。室友們半開玩笑的問她：「會不會覺得自己的鍵盤聲音很響亮？」她只回答：「對呀！」轉過身繼續與網友聊天。大家都不知道該怎麼辦，只能配合她的睡眠時間，反正早早上床也睡不著！

後來小佳上網的頻率下降、作息稍稍正常，大家一面高興卻也擔心，因為小佳的心情不太好。還沒回到房間，遠遠就聽到悠悠傳來孫燕姿的歌聲「誰能體諒我有雨天……」。像烏雲罩頂一般，小佳每天蜷縮著身體、癡癡的盯著螢幕。大家一想到回房間，就有無比的壓力。

‧該不該和他打招呼——僅止於認識的朋友關係

擔任全校性營隊的工作人員，就會認識不少外系同學。活動結束偶爾遇到他們，有些人會熱情的打招呼，甚至停下來聊兩句；但碰到半生不熟的人，一方面怕自己打招呼對方沒回應，另一方面也暗暗希望對方飄開眼神，就不用打招呼了。更尷尬的是，打完招呼後開始懷疑：他真的記得我嗎？這樣虛假的打招呼該持續或停止？這就是香港俗稱「Hi-Bye friends」（打完招呼馬上說再見的朋友），你會是主動打招呼還是「先把眼神飄開」的那個人？

第二節　大學生的「溝通迷思」

我在大學教授「領導與溝通」的相關課程時，常遇到大學生質疑：

做事與做人，何者比較重要？
即使能力不足，只要會做人，就可以一帆風順嗎？
專業能力應該勝過溝通能力吧？

職場發展除了學歷或專業知能，為什麼需要溝通能力？對於完成工作或增進績效，溝通占了多少比例？

《Cheers》雜誌（2012）每年「企業決策者最愛的大學畢業生」調查，由八項指標組成，如：專業知識與技術、穩定度與抗壓性、解決問題能力、團隊合作、學習意願與可塑性、國際觀與外語能力、創新能力、融會貫通。最能代表人際關係與協調能力的是「團隊合作」，其他相關的則有：「穩定度與抗壓性」、「解決問題能力」、「融會貫通」，這些都是與上司、同事、客戶接觸時應該具備的良好態度。

不需比較「溝通」或「專業」孰輕孰重，即使專業能力足夠，仍應提醒自己加強溝通能力，「與人溝通」有時更加困難。專業成長可以獨力完成，人際溝通未必能由自己掌控。比起做事能力，在人際關係相對遲鈍、未注意說話分寸，無意間就會得罪上司、同事、客戶。結果得不到上司青睞，同事也敬而遠之，還會破壞團隊合作、流失寶貴客戶。

大學生學習人際溝通，首要對溝通觀念或作法做一番「思辯」或「內在辯論」，破除似是而非的「溝通迷思」，以下加以說明。

一、迷思一：說話應該坦白

有些人認為有話就該直接表達，不應「違心之論」；但當你盡情發洩後，自己雖覺舒暢，對方卻因你的「重話」或過度譴責而深覺委屈，久久不能釋懷。你忽略的是，說話坦白可能是把自己的快樂建築在別人的痛苦上。

有些人看到親人、朋友有缺點時，就想儘快、明白的告訴他，以免他受到「蒙蔽」而一再犯錯。你這樣做雖「成就」了自己的正直，卻可能冤枉對方、造成二度傷害，打擊了他的自尊。沒有人是完美的，總會不小心犯錯。此刻他最需要的不是「火上加油」，而是做他的精神支柱，甚至挺身為他辯護。

能清楚自己的感受與意見，並及時「表達」，仍是澄清誤會、贏得尊敬的良方，這部分的「坦白」值得鼓勵。因為背後抱怨或向人訴苦，只會強化自己的無力感，加重彼此的溝通障礙。但坦白表達仍要注意措詞及觀察對方的反應，要理性描述同時傾聽對方的解釋。不可任意宣洩情緒，或一味的強詞奪理、毫無彈性。

二、迷思二：會溝通的人過於圓滑、不太誠懇

你很討厭有些人說話過於委婉，讓人難以分辨話中的真假。有些人不願明確表達自己的心意，讓人猜不出他站在哪一邊。有些人客客氣氣，讓人感覺不到他的真性情。你覺得與這類過於圓滑、不太誠懇的人說話，好累！

但，心裡有話就可以「想說就說」、不考慮後果嗎？孔子說：「陪君子說話，容易有三種失誤：還沒輪到自己或還未聽別人說完而搶話、插嘴，這叫急躁；輪到自己說話卻不說，這叫隱匿；不能察顏觀色而說不該說、傷害別人的話，就如睜眼瞎子」（「侍於君子有三愆：言未及之而言，謂之『躁』；言及之而不言，謂之『隱』；未見顏色而言，謂之『瞽』」《論語季氏篇》）。

為什麼說話不能急躁、必須察顏觀色？若我們不注意別人的感受，就容易脫口說出傷人的話；若能自知失言或觀察到對方受傷，仍屬「知過能改，善莫大焉」；若渾然不覺、只「活在自己的世界裡」，周遭的人不是怕被傷害而躲開你，

就是直接反抗而討厭你。所以要隨時聽聽自己在說什麼，管住自己的舌頭，不要信口開河、快人快語。

三、迷思三：溝通是說服別人、維護自己

許多人為了說服別人與維護自己，採取「奇襲」甚至「要脅」的方式。只要達成目的，過程中的手段都具備「正當性」。於是，溝通成為「我贏你輸」、「你死我活」的爭鬥；咄咄逼人、絕不讓步，成了必要之惡。

這種「口舌之爭」，只想自己要講什麼而固執己見，很少聽別人在說什麼，自然無法產生同理心。最後變成各說各話，無法進行雙向溝通。

依溝通的目標而有不同的溝通結果，包含雙贏、我贏、你贏三種。至於「雙輸」，則代表溝通失敗，是下下之策。「雙贏」是溝通的出發點，在溝通之初就應為對方設想、尋求共識，避免「贏者通吃」而致對方「絕地大反攻」。但溝通仍有「我贏」而你讓步，或我妥協而讓「你贏」的時候；這只是輸贏的多少，無論如何都不應「整碗端走」或「全盤皆輸」。

四、迷思四：溝通是非常麻煩的事

多半的人在事情變得有點複雜，超出原本預期要投入的心力時，就會選擇放棄，包括人際關係。他們以為只要擁有少數志同道合的朋友，或與相處起來輕鬆的人互動即可，何必浪費時間、心力，與陌生或難纏的人建立關係？若是怕麻煩而永遠待在「人際舒適區」，溝通能力將愈來愈萎縮，朋友類型也會過於固定，人脈自然不足。

即使學生時代的死黨或戀愛中的情侶，都可能因誤解而有不同程度的爭執。若怕麻煩而不努力「澄清」，友誼可能停止或錯失一段美好姻緣，難道這樣比較明智？

不論工作上的人際關係或私人情誼，都需花費時間與心力維繫與增進。若不懂得「經營」，人際關係會疏遠，而後瓦解、消逝；反之，足夠的付出——包括

物質與精神，就會有回報（甚至超出原本預期）。

五、迷思五：討厭命令或強迫的威權溝通

從前威權的時代，上下之間階級嚴明，「父命難違」之下，晚輩只能「服從」。而今受到歐美民主思潮影響，尊重人權、言論自由，於是對命令或強迫就會忍不住要反抗。

到了大學階段，若父母還要子女「聽話」、接受「安排」，包括生活作息、人際關係、升學進路甚至婚姻，子女自然會反彈，以免父母得寸進尺。然而，一味抗拒而不設法與長輩溝通，最終可能兩敗俱傷。所以，若不喜歡或無法依照父母的期待，要及早告知，以緩和的方式與父母溝通。反抗或冷戰等激烈、情緒化的作法，都不是解決問題的良方。

不少大學生在溝通課程結束後，雖「不確定」自己是否更會溝通或學到多少溝通技巧，但能「確定」的是，人際衝突時對情緒的控管或事後的自我調適，都有不少進步。即使事情沒有獲得圓滿解決，心情也不會受到嚴重與持續的影響，不再因一點小事就抑鬱終日，能及早想通、一笑置之。也體認到事情不可能盡如人意，難免會有意外。若沒有挫敗的經歷，明日如何承受更大的人際考驗？

體驗過溝通威力的人，會承認溝通的奧妙而願意多加學習。例如：班上一位大學生有次騎機車趕去上課，快到學校的一個彎道上，因車速過快、失控打滑而連人帶車撞向對面等紅燈的小客車上。他不顧自己疼痛，爬起來向駕駛致歉，並表示願意負起賠償責任。小客車的駕駛是位媽媽，也正載著女兒要上學。因為他良好的態度，那位媽媽不但沒有斥責，反過來關心他有沒有受傷。之後還打電話給他的媽媽，一直誇獎他並想把女兒介紹給他……。

第三節 大學生學習溝通的目標

大學生雖擁有學生身分，卻需為了「轉大人」而好好準備。對於人際溝通的諸多困惑，要早早解惑與突破。大學階段須達到的人際溝通目標如下。

一、目標一：建立、增進及拓展人際關係

如何克服初次見面的尷尬？如何與新同學建立關係？

與不熟悉的人聚會，如何加入談話、找到話題？

想和朋友出去玩又覺得無聊及浪費時間、金錢，要怎麼調和這種矛盾心理？

「勇於表達自我」是東方人較欠缺的能力，大學裡有各式營隊與社團活動，招募工作人員時，大都以幾分鐘面試來決定。短時間內要完整呈現自己其實非常困難，但表現的好即可比別人擁有更多機會。

在陌生的環境如社團、通識課程、各種校內外活動，要能大方的自我介紹，凸顯自己的優點、興趣，搭配有趣的小故事，別人就會對你印象深刻。尤其要突破「不喜歡與人交流」的封閉心理，積極主動與人交談。

第一次見面，免不了尷尬、害羞、緊張、怕別人不喜歡自己，甚至手足無措、不敢和人說話。除了要設法克服這些負面情緒，也要善用面對新朋友時的正面情緒，例如：興奮、期待、好奇、熱切，促成我們認識更多的人。

二、目標二：突破個性上的溝通障礙

如何敞開心胸、說出心裡話？

如何完整表達腦中所想的事情或感受？

如何知道自己說錯話了？

內向、衝動、沒有自信等障礙，很容易造成溝通問題，例如：沒主見的人常把「喔、隨便、都可以、我沒差」等掛在嘴邊，以致有一天沒人想聽你的意見，不是每個人都有耐心聽懂你真正的想法。尤其不要有意無意的讓人猜測你話中的意思，以免擴大溝通誤差。

要覺察自己的障礙與溝通問題，再來「對症下藥」，但不能貪心與心急，以為參加相關社團、選修相關課程，就一定能成功。其實那只是「三分鐘熱度」，一開始感到起勁，不久又回復原狀。應將溝通的改進化為詳細的步驟，一小步、一小步的向前邁進。

三、目標三：與各類型的人愉快相處

如何與價值觀相反的人相處？

如何面對個性衝動的人而忍住不吵架？

自己的個性溫和，同學卻得寸進尺，怎麼辦？

如何與固執己見、堅持到底，沒有一點彈性的人溝通？

某方先入為主或對我有成見時，怎麼辦？

遇到與我們「不同」的人，因為超過我們的思考與行事的範圍，所以常不知如何應對，如：有人讓你以為是知己，卻在背後批評或洩漏你的秘密。遇見不理睬或旁若無人、我行我素的室友或同學，該如何「破冰」與之交往？

不敢表達心中困擾或過於直言不諱的人，將使生活變成一場夢魘！如何委婉告訴室友或同學他們的言行對自己造成的影響，例如：音樂很大聲、廁所用很久。如何與截然不同的人同住或共事，而相安無事？這些都是人際溝通的「多元多次方程式」，沒有高超的解題技巧就無法順利過關。

四、目標四：具備團隊合作能力

為何有人對自己的工作或責任，一再以「我不懂」、「我不會」來面對？

團體成員之間發生衝突，如何化解歧見？

分組時自己常被排除或與剩下的人併為一組，要如何擁有自己的團隊？

大學的團隊類似於工作團隊，不同於私人情誼，無論如何都要「達成任務」，不能太自我或任性。遇到衝突時要儘量控制情緒，不能拂袖而去或消極抵制。團隊合作時會遇到且必須解決的問題很多，如：和好友在一組，彼此想法不同時，該如何溝通才不會傷害原本的情誼？團隊中有些人做得太少或什麼都不做，該用怎樣的方式提醒他？和陌生人一起做報告（特別是通識課程），大家都不好意思出來當領導人，分工也東推西辭，不願清楚表達自己的意見，該怎麼辦？若自己不想當幹部或領袖，卻被大家拱上去，該怎麼辦？

五、目標五：獲得嚮往的愛情

想和朋友出去玩，但男（女）友不開心，夾在兩者之間，怎麼辦？

當男（女）友悶不吭聲、給你臉色看時，怎麼辦？

我確定不會和這男（女）生交往，又不想傷害他（她），該明講嗎？

如果發現彼此不適合，該如何和平分手？

「自由戀愛」的觀念在我國已廣為接受，大學生也知道「我還年輕，心情還不定，難接受你的情」，但不等於他們就能接受大人的建議。所以父母、師長應以開放的態度給予情愛溝通的引導與建議，包括：如何告白、如何婉拒、交往的循序漸進、自我保護（身體及心理的自主權）、如何分手、分手後的調適、如何處理不一致或衝突等。

戀愛不能只看外表或條件（如學歷、家世、收入等），更要注意對方溝通時的態度與方式，例如：是否尊重別人、情緒的掌控能力等。戀愛過程中，吵架固然不好，但冷戰也不是有效的溝通方式，要以「中庸之道」學習如何表達與協調。

六、目標六：與成人世界的有效溝通

父母一聽到「夜衝」、「夜唱」就不允許，要和父母鬧翻嗎？
老師每學期更換，教過你的老師不見得記得你，如何和老師保持互動？
社團或系學會申請經費補助或需要學校協助時被拒絕，該怎麼辦？

有些學生對於課程的愛恨分明，不喜歡某課程時連教授一起列入黑名單，路上遇到也不打招呼。有這些想法的人，應該想想什麼才是「對事不對人」。不要等到需要老師幫助，例如：快被當了、需要推薦信，才求助於老師。要懂得把握老師這項可貴的社會資源，不要輕易破壞師生關係。

對學長姐也一樣，雖然大學沒有明顯的輩分之分，若學弟妹平常不理學長姐，或對待學長姐無基本禮貌，這樣的態度就可能冒犯了學長姐，使他們不想幫你或有所保留。

學習應有的人際禮儀或倫理、得體的應對進退，包括送禮的藝術，都是大學生可以努力的方向。以送禮來說，大學階段可從初階版開始，例如：謝卡、賀卡、小禮物（如巧克力、餅乾、小伴手、當地特產、自製禮物等）。

打工是大學生進入成人世界的媒介，老闆或客戶對你的方式絕對與父母或老師不同。父母師長願意了解你、包容你，無論如何還是幫助你，但老闆或客戶則會以嚴格的標準看待你，除非你有學習意願，否則不會主動伸出援手。

七、目標七：溝通技巧「精益求精」

與人溝通需要口齒清晰、說話流利（「口條」），若說話時每個字都連在一起，講得太快或太小聲，別人就不會被你打動。其他須學習的溝通技巧包括：

- 將心裡所想的完整、正確地表達出來，說服及影響別人。
- 富於幽默感、親和力。
- 理直氣和，不會情緒激動或心直口快。

- 說話得體，在什麼場合說什麼話。
- 專心聆聽，聽出對方真正的想法與需要。
- 了解他人的非語言溝通訊息。
- 和家人的情感聯繫與正確溝通，讓父母放心。
- 說話簡短扼要，不使人不耐煩，尤其面對主管或長輩時。
- 大方給予別人讚美與肯定。
- 委婉拒絕，不傷害對方的自尊，不損害彼此的關係。
- 使用電子信函、簡訊、Line、Facebook 等社群網站時的溝通禮貌與技巧。

總之，對於人際關係不能心存幻想，「期望愈高、失望愈大」，反而讓自己更沒自信及退縮。增進人際關係不像剪頭髮、換造型，只要花錢找厲害的髮型師就可以閉上眼睛等待「魔法」發生。何況，髮型師也不是魔法師，他們必然下過功夫才擁有好技巧。現在，讓我們一起為了成為溝通達人而「勤練功」吧！

溝通的細節與小撇步

仔細觀察「與你不同」的人是怎麼溝通的（包含肢體語言）？再仔細想想，他們為什麼要這麼說、這麼做？有何優缺點？有何效果或後遺症？

補充教材與課後自學

電影片名：巧克力情緣（Mary and Max）	主要演員：托妮科萊特、菲力浦西蒙霍夫曼
發行時間：2009 年	發行地：澳大利亞
探討主題：友誼的力量、孤單的影響、人際衝突的化解	
內容簡介	這是一個兩位筆友之間的故事。8 歲的瑪麗（貝絲妮惠特摩爾配音）住在澳大利亞的墨爾本，她喜歡動畫「諾布利特」、甜煉乳和巧克力。瑪麗無兄弟姊妹，在學校常被同儕欺負。她的媽媽是個酒鬼而且常常「借」（偷）東西，爸爸在茶葉包裝廠工作，閒暇時只喜歡製作鳥標本，瑪莉十分孤單、渴望朋友。 某一天，她心血來潮寫信給住在美國紐約市的馬克思（菲力浦西蒙霍夫曼配音），詢問他美國小孩從哪裡來，並附上一根櫻桃巧克力棒。44 歲的馬克思患有人際交往障礙的疾病以及過於肥胖，碰巧他也喜歡「諾布利特」動畫及巧克力；他很詳盡的回答瑪麗的問題，於是兩個孤單的人開始通信（包括回答瑪麗所問的所有棘手問題），並告知對方自己的生活情形與心情（包括照片），從 1976 年到 1994 年瑪麗長大時。 瑪麗一直想更了解馬克思，所以上大學後努力研究馬克思的精神病症，並且寫了一本暢銷書。沒想到她將書寄給馬克思後，卻讓他憤怒不已，覺得受傷、被背叛……，他不想再跟瑪麗通信了，就把打字機上的「M」字母拆下寄給瑪麗。瑪麗才知道某些事對他人來說，是一種不想被公開與分享的私密空間，於是她絞碎了剩下的書籍。她很後悔，不知該如何向馬克思說抱歉，沮喪到甚至想自殺。最終她還是收到馬克思的原諒信，信上寫著： 我原諒你，是因為你不是完人，你並非完美而我也一樣，人無完人，即便是那些在門外亂扔雜物的人。我年輕時想變成除了自己以外的任何一個人，伯納德哈斯豪夫醫生說，如果我在一個孤島上，那麼我就要適應一個人生活，只有椰子和我。他說我必須要接受我自己——我的缺點和我的全部。我們無法選擇自己的缺點，它們也是我們的一部分，我們必須適應它們，然而我們能選擇我們的朋友，我很高興選擇了你。 伯納德哈斯豪夫醫生還說，每個人的人生就是一條很長的人行道，有的很平坦，而有的像我一樣，有裂縫、香蕉皮和菸頭。你的人行道和我的差不多，但是沒有我的這麼多裂縫。有朝一日，希望你我的人行道會相交在一起，到時候我們可以分享一罐煉乳。你是我最好的朋友。你是我唯一的朋友。

值得一看	1. 本片除了有非常感人的忘年之交、真摯友情外，那些黏土人也十分迷人。本片的製作難度極高，從構想到拍攝完成花了五年。整部動畫片由 132,480 張獨立畫面製作而成，片中所有文字——街角商店櫥窗、招牌、包裝、啤酒瓶、瑪麗和馬克思的書信，統統是導演亞當艾略特親自書寫。影片使用了 212 個黏土人，黏土人身上的各個關節都可以活動。為了能讓主角的臉部活動起來，在每一定格中，工作人員都會給人物換一張不同的嘴。全片一共用了 1,026 張不同的嘴，每一張嘴都是一張由橡皮泥包裹著鋼絲的模型。影片一共拍攝了 133 個場景，並且用兩種截然不同的顏色來代表紐約和澳洲，分別是灰色和褐色。從荒島到巧克力商店都被精心製作，尤其是捏出紐約的地平線，整個美工組二十個人花了整整兩個月。所有道具，從服裝、酒杯、泡茶袋到打字機，都是工作人員一點一點用黏土捏出來的。影片中出現的那台老式打字機，工作人員就花了九星期製作。 2. 本片獲得 2009 年法國國際動畫影展最佳動畫長片、柏林國際電影節水晶熊獎，以及渥太華國際動畫電影節最高獎。
思考討論	1. 獨生子女若缺乏父母陪伴，會有哪些不良影響？ 2. 不論是否為獨生子女，父母的陪伴有多麼重要？ 3. 友情可能突破年齡、身分、性格、距離的限制嗎？ 4. 我們是否會自以為做某些事是為了朋友好，結果卻重傷了朋友的心？該如何彌補？ 5. 如果別人有意無意的傷害了我們，真的有那麼不可原諒嗎？

<table>
<tr><td colspan="2">電影片名：超級禮物（Ultimate Gifts）</td><td>主要演員：愛莉希爾斯、詹姆斯加納</td></tr>
<tr><td colspan="2">發行時間：2006 年</td><td>發行地：美國</td></tr>
<tr><td colspan="3">探討主題：一般人際關係、家人關係、衝突化解</td></tr>
<tr><td>內容簡介</td><td colspan="2">傑森生長在一個富裕但也複雜的大家庭，身為大家長的爺爺過世後，大家都盯著爺爺的遺囑，看自己能分到多少財產。傑森與爺爺的關係不佳，所以他不認為爺爺會給他什麼遺產。但出人意料的，爺爺卻給了他一連串的「禮物」，對傑森來說都是很難達成的任務，例如：勞動的恩惠、當你一無所有時找到一個真正的朋友、把金錢用來幫助真正需要的人、危險中求生存、實現夢想等。
一個任務完成才能接續下一個，全部完成才能獲得「遺產」。其實，這份遺產真正的價值是徹底改變了傑森的生活方式與態度，讓他從生活萎靡、不事生產、沒有責任感、不關心別人的公子哥兒，變成一個截然不同的人，也化解了他與爺爺之間的誤會。</td></tr>
<tr><td>值得一看</td><td colspan="2">1. 本片改編自吉姆斯托維爾（Jim Stovall）的同名暢銷小說，希望人們能樂善好施，多與家人和朋友溝通。每個人都有能力與人分享，並且改變這個世界。
2. 電影不免過於「戲劇化」，因為一個人的改變很難在短時間內完成。但這也提醒我們應及早離開「舒適區」，以免自己身心怠惰、浪費個人天賦。尤其在與人建立真情及幫助別人這部分，更要及早開始。所以爺爺的遺產，其實是一份真愛的展現。</td></tr>
<tr><td>思考討論</td><td colspan="2">1. 找到一個真正的朋友有那麼難嗎？
2. 你怎麼知道別人是因為你的財富、外表、權勢而和你做朋友？萬一你失去這些，那些朋友會怎麼做？
3. 在你最困難時，哪些朋友會幫助你？反之，你會如何幫助身陷困境的朋友？
4. 你曾與家人有誤解嗎？如何化解？</td></tr>
</table>

小說作品：光在地球之時（原名：ヒカルが地球にいたころ……）	作者：野村美月
發行時間：2011 年	出版社：Enterbrain（日）／尖端出版社（台）
探討主題：溝通困擾、建立關係	
內容簡介	有校園「皇子」之稱的美少年帝門光突然離世，與之相反只是因為外形兇惡就被稱為「不良少年」的赤城是光，因緣際會下參加了光的喪禮，而被光以幽靈型態附身。光提出，如果不能達成他「心願未了」的事，就無法升天離開，是光迫不得已只好答應幫他。光的遺願是替他把生前未完成的約定——七項生日禮物，交給未婚妻左乙女葵。是光因為父母離異、母親離家的痛苦經驗，對女性十分不信任，女性也特別容易被他的臉嚇到。連同性朋友都沒有的是光，只好跌跌撞撞的開始行動。 本作品的劇情取材自知名長篇小說《源氏物語》，因此光的情人其實不只未婚妻葵一個女性。是光知道還要接觸無數以花為名的女性，才能達成光的遺願時，已經無法反悔了。
值得一看	1. 主角赤城是光天生一張兇惡的臉，好像隨時都在生氣，使周遭產生許多莫須有的謠言，如喜歡打架、容易被惹火等。實際上，是光只是一個害羞的普通少年，交不到朋友，女生更常被他嚇跑。這樣的他碰到了跟他相反的校園皇子帝門光，一個總是帶著讓人舒服的微笑加上美型外表的男生，光成為女生追捧的對象，卻受到同性的敵視。不會哭的光跟不會笑的是光，與他人的相處方式都不完美，他們學習彼此性格上的優缺點而成為朋友的過程，非常有意思。 2. 是光為了達成光的遺願，必須主動跨越難關去接觸異性。雖然他無法改變自己天生嚴肅的長相，但他用誠懇的態度敲開她們的心房。陪光生前與他有一段情的女生們，完成各種光來不及做到的事情。從送生日禮物、參加社團、逛學園祭這些最簡單的小事，到傾聽女孩子的煩惱與痛苦。雖然是光不是被譽為皇子的光，做事有些笨拙，卻比給人完美又遙遠形象的光更有親切感。他人也感覺到，他為了光這個朋友的遺願，而不斷努力的用心。 3. 為了光與女孩子們努力參與各項事務的是光，也被周遭人看出其體貼又熱心的一面。同儕也不再把他當成不良少年，願意主動跟他交談。可見外表跟第一印象，還是比不上坦率的溝通。透過溝通，才能真正了解一個人的本質。
思考討論	1. 外表與第一印象在初次見面中占了多少分量？選擇與怎樣的人交往是否容易以貌取人？ 2. 如何打破自己溝通上的瓶頸？為了讓不同的人理解自己，要如何修正自己溝通的方式？ 3. 類似是光對異性的不信任，要如何跟自己不擅長相處的人溝通？

Chapter 2

溝通的起步：分享、傾聽與同理心

聽聽大學生的心裡話

當我討厭某個同學時，怎麼看他都不順眼，他說的每一句話都聽不進去；與他在一起，一秒鐘也覺得痛苦。但，認真想想，都是他的問題嗎？會不會是自己的標準過高而覺得他不好；或正好相反，因為自己遠不如他而嫉妒與排斥？

再想想，我看不起他或我不如他，真有那麼重要、值得耿耿於懷嗎？可惜！理智上知道「人比人氣死人」或「人是不可比較的」，負面情緒還是「勝出」。情願花時間生悶氣，也不願冷靜、理智的多了解討厭的人。

怎樣可以更了解別人，也讓別人了解自己？

如何傾聽及聽懂別人的心意，並把自己的想法分享出來？

為什麼有人說話這麼直率，不顧慮會否刺傷別人？

我自己是否也欠缺同理心，造成別人的痛苦而渾然不覺？

「信任」是件很困難的事，例如：本以為A值得信任，所以告訴他一些心底的「秘密」，結果他竟然輕率的將秘密洩漏出去。從此我不僅不再敢相信他，也難以相信其他人。但有心事想與人分享與請教時，該怎麼辦？說出來怕被不相干的人知道，藏在心裡卻更加難受，怕總有壓抑不住而崩潰的一天！

如果，我不能信任別人，別人也不輕易信任我，那麼，人際之間如何分享、傾聽與分擔彼此的痛苦呢？

第一節　分享的意義與價值

「分享」（伍思凱演唱，姚謙作詞，伍思凱作曲）這首歌傳唱多年：「與你分享的快樂，勝過獨自擁有，至今我仍深深感動。」「分享」不僅是物質的共享，也包括精神層面之經驗與收穫的傳遞；藉由相互分享，可擴大及增加彼此的生活經驗、生命體驗及生存智慧。「好友如同一扇窗，能讓視野不同。……好友如同一扇門，讓世界變開闊。」

一、分享的意義

課堂上，我很鼓勵學生「分享」，有些大學生很怕發言，上台會怯場。有一次，我班上因為人數較少，大家有更多發言機會。某位學生說：

「不知從何時開始，課堂發言變成我最害怕的事；因為我很在意別人的眼光，怕別人覺得我說話沒有內容、邏輯思考很奇怪。但這堂課因人數少，讓我不得不發言；我想：沒有壓力就不會進步，就把『被迫發言』當成學習吧！」

即使怯場或不想發表個人意見，我仍鼓勵或半強迫他們發言，最後發現，這麼做還是值得。某位學生說：

「結果讓我非常雀躍，一方面可在課堂上盡情說出自己真正的想法，另一方面也因為被期待發言、被尊重，沒有人會主觀的評論其他人，只從同學的發言中延伸、討論，所以感到很安心。因此我喜歡分享，這堂課我從不蹺課。」

原來有些同學擔心別人評論，所以不敢發言。但在我的班上，他們發現大家都能「尊重」別人的觀點，讓人覺得「安心」，自然願意多多分享。某位同學說：

「我一直認為待人處事的基礎源自『尊重』，當你尊重別人的發言，尊重別人的想法，沒有異樣的眼光，對方才能放心的說出口。你尊重別人，才能期望別人也尊重你。良好的溝通不是你覺得自己想法正確就去抨擊別人，而應站在對方的立場、為人著想，誘導他們說出心裡的話。」

發言是一種「分享」，是「無私的奉獻」。真誠提出自己的體驗與建議，是希望別人也能一起成長，不必多走冤枉路或白白受苦。其中無意間流露的真情，更可激勵與啟發「需要的人」，使其產生勇氣與動力而改變人生。如某位學生說：

「聽到同學分享私人經驗的時候，我有點驚訝。我對不熟的人絕不談及私領域，但同學願意把自己成功或失敗的故事說出來，藉此我也看到了同學的另外一面。有些同學講到難過的地方，眼淚還掉個不停。」

聰明的人會以「海綿精神」傾聽，擷取別人痛苦中獲得的教訓與啟示。因為完全靠自己的經驗來學習，不僅「不可能」往往也「來不及」。所以，吸收別人的「分享」，是快速進步的竅門。

二、分享的價值

經由別人的分享，可以自我激勵、腦力激盪、抒發情緒、解決問題。

以自我激勵及腦力激盪來說，因為不同的經驗可以開拓自己的視野，看到另一種問題解決辦法或生命出口。因為你的傾聽，使別人更願意分享。良性循環之下，人人都可以得到更多的關懷與引導。

以抒發情緒及解決問題來說，不論對「說」或「聽」的一方，都具有功效。「傾訴」可以清除自己心中的垃圾，減少負面情緒的累積；「傾聽」也可將內心不好意思說出來的困擾，從別人的分享中「舉一反三」，找到自己想要的答案。所以，不要吝惜你的分享，「光聽不說」不僅有點「小氣」而且損失慘重喔！如某位學生說：

「能夠把自己的心情與他人分享，把自己的想法傳遞給別人了解，真的很舒暢！也可讓別人藉此警惕，不犯同樣的錯誤，是很好的助人行為。」

藉由分享心事、困擾，還可增進彼此的感情、加深人際關係。因為別人對我「自我坦露」，除了可以看到他真實的一面，也象徵他對我的信任。因此，我也會對他坦露一些內心話。若沒有這種真心交流，就無法成為志同道合的好友。

第二節 傾聽的效能及技巧

大學有許多課程需要上台報告或在台下聆聽，即使報告者準備充足、認真講述，若抓不住台下同學的注意力，就得不到適當的回饋。成功的報告並非全由台上的人負責，聽眾若不能聆聽與回應而恍神、打瞌睡、跟旁邊的人聊天、玩手機、做其他事情，台上台下無法雙向互動，就不能由分享中獲益。

學習溝通不僅要有效表達，也包括當個「好聽眾」。不能聆聽的原因除了外界干擾，也包括沒有養成聆聽的習慣，例如：沒耐心、同理心不足，不等對方說完就插嘴、反駁。還有時候是因為不同意對方說的話，而失去繼續聆聽的意願。

一、傾聽的必要或功效

為什麼要傾聽？除了「聽君一席話，勝讀十年書」，是否為了不要過於冷漠，而錯失幫助別人的機會？班上有位學生說：

「最近學校發生一件不幸的事——某位博士班學姐跳樓身亡，因此老師上課時屢次傳達『要多關懷周遭人』的訊息。昨天班上聚餐，大家正吃得不亦樂乎，我發現一位平時積極參與班級事務的同學竟然沒來。我想到老師說的『多關懷』，便傳了訊息問他。他回答的語氣明顯感覺心情低落，原來是與交往三年的女友分手了，所以沒心情參加愉快的場合。於是我邀他晚上一起吃飯，希望可以讓他抒發情緒。談話中，我多半扮演聆聽者的角色。」

這位大學生能「學以致用」，及早關心同學並詢問有何需要幫助之處，才知道因同學與女友長達三年的感情生變，但自認還有機會復合，所以更「想不開」、「放不下」。傾聽除了表達「支持」，也可分享自己走出失戀低潮的過程，提醒同學「愛別人前，先好好愛自己」。這位大學生的「傾聽」功夫到家，雖然自己很忙，仍持續關懷及竭盡所能的幫助同學轉移悲傷情緒。經過兩個多月的努力，終於使他的情緒穩定下來。

兩個月的時間乍看很長，在人生長河的比例卻很小。能利用這麼短的時間使朋友「生命急轉彎」，實在功德無量。關懷別人要趁早，但不要急著說服別人快快走出來、站起來。只是「傾聽」就足以傳達關懷，使人感動及產生繼續奮鬥的勇氣。

二、傾聽的困難與技巧

有耳朵就能聽嗎？如果沒耐心、不專注、不關心或沒有相關經驗、有偏見，就無法傾聽或真正聽懂。傾聽的困難包括「要別人聽我說」（請聽我說），以及「我要聽別人說」（我聽你說）兩方面。

（一）請聽我說

1. 與人交談時，如何使對方專注的聽？

使對方專注最簡單的方法是「說對方想聽的話」，反之即可能「忠言逆耳」。要多說讚美、鼓勵、關懷、支持、贊同等正向及建設性的語言，也就是創造適合傾聽的「心理環境」。

另外，也要創造適合傾聽的「物理環境」，最典型的代表是心理輔導時的「個別諮商室」。不大的空間裡，布置得舒適、雅緻。只有一張桌子、兩三張類似沙發椅的座位，一看就知是專為有效談話而設計。關上門後，一小時不受打擾的安靜時段可以暢談，不會有電話、電腦、電視的干擾，也絕不會有任何人闖入。

告白、求婚、週年紀念日、母親節、教師節、頒獎典禮、畢業典禮等，也需要營造感動、感謝、感佩、感傷的「物理環境」，才能達成溝通效果。即使一般的人際溝通，也不要忽略營造「心理環境」與「物理環境」的必要，至少要找一個較安靜、不受打擾的空間，其他的「加分」項目，就靠你用心設計囉！

2. 面對台下一群「不同的人」公開發表，如何抓住他們的注意力？

公開發表比起朋友間談天或小團體互動，來得複雜許多。因為人數較多，而且大多為陌生人，若未做足「聽眾分析」，包括：動機分析、背景分析及心理分析（游梓翔，1999，頁 78-90），就難使聽眾接受你。如下列較困難的狀況：

以動機分析來說，聽眾到底要聽什麼？如果是被迫來聽的，該怎麼辦？

以背景分析來說，聽眾的職業、學經歷是什麼？如果與你的背景差異較大，該怎麼辦？

以心理分析來說，聽眾的心理狀態為何？如果自尊過多或過少，該怎麼辦？

3. 知道對方不喜歡自己，如何使對方聽進你說的話？

如果對方喜歡你，對你的同理心及包容力自然較強，交談也較投機；反之，就可能明裡暗裡的反駁你，不願意與你繼續「對話」。知道別人不喜歡甚至反對自己，一般人會「以牙還牙」，於是雙方針鋒相對、唇槍舌劍，雖然一來一往、十分熱鬧，卻沒有交集。

若自己也不願意聽對方說話，惡性循環之下，對方更不肯聽你說話。這是人之常情，也是人性的弱點。所以，要克制自己的「情緒化」，冷靜探討對方不喜歡你的原因，能立即澄清或解釋最好，否則就設法擺脫、降低自己的負面情緒反應，全力貫注尋求共識或解決問題。

（二）我聽你說

1. 別人說話時，我能耐心傾聽嗎？

自己的聆聽行為恰當、有效嗎？例如：

會否分心，邊聽邊想其他的事？

是否只想著自己要如何應對，卻未真正注意對方說話時的心理狀態？

是否邊聽邊做其他的事？不想浪費自己的時間，卻忽略對方的感受。

是否未聽完就急著打斷對方及插話？

是否常覺得對方說錯而急於糾正？

是否讓對方真正把話說完？即使他說完了仍再問是否還有其他想法？

2. 坐在台下當聽眾，如何專心聆聽台上說話？

以大學生來說，聽課、聽演講、開會如何使自己不一心多用？尤其是周遭同學滑手機、聊天、走動、睡覺、趕作業，甚至中途蹺課、溜走等狀況不斷發生時，如何不受影響？

大學老師可能常對上述狀況「碎碎唸」，覺得學生不懂事、沒禮貌。你可能不服氣，不相信上個世代的父母師長當年有多好！也許不需要看上個世代，有機會與你已就業三、五年的兄姐請教，即能了解若不專心聆聽，工作上將給自己惹上多大的麻煩。不只是會漏掉重要訊息，也讓別人對你產生負面印象。

3. 對說話的人沒有好感，如何冷靜聽完他的話？

曾與對方衝突，如何「不以人廢言」而客觀聆聽？如果彼此沒有好感或正在爭吵，如何願意「傾聽」對方說話？

這時需要冷靜、理性，仔細想想不肯傾聽的後果。如果對方是你的老闆，也許從此把你打入「不肯配合」的黑名單。如果對方是你的同事，也許從此不願再跟你合作。如果對方是你的客戶，也許會去投訴或從此不再上門。如果對方是你的家人、同學、男（女）友，也許會使他們傷心、破壞情誼、愛情消逝……。

4. 如何聽出別人的「話中有話」、「弦外之音」？

聆聽要同時「觀察」對方的非語言訊息，如肢體動作、語音聲調，才能正確掌握他想傳達的真正意思。如孔子所說：「德行通達的人，不僅心地正直、傾向道義；而且細心觀察別人的言語及臉色，志慮忠純、謙遜待人」（「夫達也者：質直而好義，察言而觀色，慮以下人」《論語顏淵篇》）。

弦外之音包含「暗示」，也就是他內在真正的需求，例如：希望的禮物或渴望的關心，期盼你儘快改進的地方。若聽不出對方的「話中有話」，雙方都會蒙受損失。

5. 怎樣「回應」或「回饋」，才算有效傾聽？

基本的聆聽是眼睛注視對方，表達關懷或好奇心，並讓對方把話說完。即使只是聽他訴苦，都是很好的回應；反之則是冷漠，像是互不相關的陌生人。

注意自己的語言及非語言訊息，造成對方何種感受？尤其在今日「滑世代」，若對方說話時你在「滑手機」，如何讓人相信你關心或尊重他？

傾聽是為了理解與關心對方，除了嘴上說的關心，也要注意自己的眼神、身體姿勢是否配合，適切「反映」出你對他的關切，就像班上某位學生所說：

> 「我發現老師傾聽大家分享時，會點頭、身體前傾表示『我懂你』。雖然只是小小動作，但會讓人感受到關心，打破陌生的隔閡與心防。」

若聽到批評、斥責甚至冤枉，該如何回應？若你苦著臉、皺著眉或面無表情，對方可能因為說不下去而放棄與你溝通。不僅不利於彼此的關係，對你的損失更大。對方可能誤以為你看不起他、不受教、不虛心，而給你貼上負面標籤。

更糟的是，對方想告訴你的其實是非常重要的訊息，可以幫助你「偵測」自己的盲點及預告危機的到來。若我們不表現出一副「忠言逆耳」的樣子，就可「避掉」現在或未來的一場災難。

第三節　值得精進的同理心

關切必須「真誠」，雖可在短時間內「假裝」，但不能持久。關切需要有耐心，慢慢的傾聽與觀察，才能「了解」對方，這就是同理心。許多人會輕率說出「我懂你」，實際上卻是「假認同」、「不懂裝懂」，給別人的壓力及傷害更大。

日後在職場與上司相處、同事合作以及滿足顧客的需求，都需要同理心，對方才會覺得「你能讀我的心」（you read my mind），讚美你貼心、能為人分憂解勞，具有工作熱忱與效率。

一、同理心的意義與效用

「同理心」是指回應別人，使對方覺得你知道、明白和接納他的感受。同理心可以用「改換說法」的方式，驗證你對他發出的訊息是否了解正確，包括：把你聽到的話重複一遍或是換一種類似的說法。對別人的表情、動作及講話的音量、語氣也要非常留神，才能做出正確的綜合性表達。

願意回應別人的感受，即是對人關切的態度，而「改換說法」的好處，證明你願意了解他內在的心意。大多數人因為有人願意傾聽與關切，受到很大的鼓舞，而願意放心的談下去。

同理心也是「換位思考」，可從較簡單的方式練習起。想想你的父母為什麼在小地方數落你？想想你打工場所的店長為什麼那麼嚴格？想想你課業分組的小組長為什麼不能體諒你開會遲到與作業遲交的困難？想想你的男（女）友為什麼不信任你？較複雜的問題上，則可想想政治、宗教或某些議題的意見、立場不同時，該怎麼相互同理、建立共識？

人與人之間溝通不良常因為「同理心」不足，要以「同理心」為對方著想，知道他的感受，才能營造理想的人際關係。這不是想做就一定能做到的事，例如：阿韋想幫助一位人緣不好的同寢室學弟，想開導他、協助他改善人際關係。但後來學弟的冷漠，讓他覺得花時間與心力幫助學弟「並不值得」。阿韋說：

> 「最近影響我心情較嚴重的，是期末這場不小的病；並非只是生病引起的發燒，真正帶給我折磨的是學弟的冷眼旁觀。從我發燒第一天開始，這個學弟便沒有跟我說過一句話。我因為發燒，需要下樓借用冰枕，或因沒辦法外出吃飯，需要有人幫忙買飯；但學弟一句關心的話或想幫忙的意願都沒有，虧我平常這麼關心他。」

阿韋想不通，自己病得這麼「明顯」，為何學弟沒有同理心？我安慰阿韋，雖然孟子認為「惻隱之心，人皆有之」（性善論），但荀子認為惻隱之心（或同理心）並非天生，要靠後天學習。有些人只關心自己的利益，「還想不到」要幫助別人。我鼓勵阿韋繼續觀察學弟，找到可以關心他的切入點；不要因為學弟的狀態而灰心，甚而減低了自己的同理心。

報載一則溫馨的社會新聞：某個颱風天下午，一個大學生協助賣水果的阿嬤抓住攤位上隨時可能被狂風吹倒的傘架，長達兩個多小時。他是林尚儒，就讀成功大學航太系，因為曾跟阿公在市場賣筍乾，所以能「同理」賣水果阿嬤的辛苦。儘管他全身濕透、兩手酸到不行，仍然甘之如飴。後來林尚儒（2013）在報紙上發表一篇他的心得——〈我們都能是別人的小確幸〉：

「會讓一座城市窒息的，不是污濁的空氣，而是冷漠；換個方式說：會讓一座城市溫暖的，除了陽光，還有每個人的關懷與行動。我們能做的事情都不大，但可以有很多：主動幫忙看起來在找路的人、幫忙看起來很吃力搬行李的人、在地攤上買個自己需要的東西、順手捐個零錢……。其實我們都可以是別人的小確幸。」

近年來，常有大學生自殺甚至殺人事件，若他們能及早、及時得到別人同理心的關懷，也許就不會讓自己及無辜的人走上絕路，例如：北部某國立大學日文所碩一學生在宿舍廁所內燒炭身亡，遺書提及「找論文題目很困難」。原因當然不是如此單純，剛考上研究所時，他就多次向系所主管及師長反映課業壓力及「人際關係」與「自信」問題。師長們雖已進行關心與了解，但未達到「高層次同理心」，所以尚不能掌握他真正的心情、解除他的困擾。

想自殺的人到底需要什麼協助？老師、同學除了與當事人談話外，還得向系主任、學校諮商單位及 24 小時的校安系統「通報」，更要積極鼓勵、直接安排學生向學校心理諮商單位、醫院身心科或精神科專業求助。「專業協助」與「親友陪伴」兩者缺一不可，可分工合作、同時進行。

老師或學校心理師與有困難的學生「交談」（面對面或電話），是同理心最重要的起步。讓學生感受到關心，有機會說出心事與困難、抒發緊繃的情緒；交談之後，也能產生不同的想法與行動。

同理心表現在「多聽少說」，不要急於要對方同意或接受我們的觀點與建議，要從他的立場，找出及滿足他真正需求的方法。

二、多幫別人想一想

我很喜歡林志炫演唱的歌曲「多幫別人想」（李驥作詞作曲）：「如果你用心幫別人想，每個明天都會充滿希望，把所有封閉和冷漠的心擺在一旁。」他的另一首歌「耐心讓你更順心」（林秋離作詞，熊美玲作曲）說得更貼切：「我們在忙碌之中，會有一千個理由對自己說，時間永遠不夠用。我們在內心之中，是否應該悄悄問問自己，在這種冷漠背後心痛不痛。」從這兩首歌可見，我們應從同理心出發，花一些時間傾聽與陪伴別人。不要因為冷漠，錯失幫助家人、同學的良機。

如何將「多幫別人想」養成習慣？有一次我去新北市某高中演講，我之前的講座是美麗的視障心理諮商師朱芯儀（臺灣第一位視障心理師）。她講完後還留下來聽我演講，結束時我問她：

「接著你要去哪裡？」

「回松山的家。」她說。

「怎麼回去？」我問。

「先坐計程車到板橋車站，再搭捷運。」她說。

「我開車送妳回松山。」我立刻說。

「這樣會不會太麻煩？」她說。

「不會啦！只是車輪子多滾一滾而已！」

雖然不順路，要多花一個小時，但對我來說仍是舉手之勞。我送她回家，讓芯儀節省時間及體力，保留給更多需要她輔導的朋友。

後來我邀芯儀到我班上專題演講，她提醒大家：以後碰到視障者，可以大方過去問：「我可以幫你什麼忙？」芯儀也示範了引導視障者行進的正確方式：若你與視障者身高差不多，讓視障者抓住你的手肘；若你比視障者矮，讓視障者搭你的肩。

我去中南部演講時，也希望別人多關心我，而非如 Google Map：「先搭高鐵，再搭接駁車或火車，約五十分鐘就可以到達某某站，然後再坐計程車或走路十五分鐘」，就少了許多屬於人的溫暖。

我曾到高雄某大學演講一個小時，下高鐵後轉搭捷運，還要再走好一段路，從高鐵站到那所大學來回要三小時。若對方能安排接送或支付計程車費，只需不到一小時。

因為別人常「忘了」多幫我想，我只好「記得」多幫自己想。我去中南部演講時，若對方無法接送或不能搭計程車，我只好婉謝。遺憾的是，許多學校或機構都沒有預算或人力，無法支付計程車費或接送。如此「公事公辦」之下，人際之間就不易建立情感。

我去慈濟大林醫院為醫護人員演講，他們不僅以特約計程車接送，而且到達大林醫院後還由院長秘書林醫師陪同用餐，再親自開車載我去研習地點——曾文水庫，實在是尊重及人情味的最佳典範。

另一次我在臺中市葫蘆墩文化中心演講，我提到結束後要趕火車，有位聽眾立即表示願意開車送我去火車站，解除我趕不上火車的擔憂，真是貼心啊！

有篇文章「人心的無速限公路」（嚴云農，2013），提到德國高速公路所以不設速限，因為他們很守規矩，超車後就乖乖回到二線。但臺灣的駕駛只管自己一路通暢，一直占據本該留給別人超車的內車道，或是從匝道一上高速公路就往內線切，讓後方的車子只能閃躲或煞車。我國的駕駛較注重開車技術與車況，不關心其他用路人的感受。臺灣人的無速限公路，被「唯我獨尊」者行駛了。

有一部韓國電影「可疑的顧客們」，描述一位保險從業人員與一些可能詐騙保費的保戶之間的相處。剛開始他只想保住自己的工作而勸這些人退保，但親自體驗過這些保戶的困境後，因為同理心，使得他自認有責任陪伴他們一起解決問題。若不能解決，他也與保戶一樣感到痛苦與焦慮。

溝通的細節與小撇步

仔細觀察善於傾聽或具有高度同理心的人，他們令你感動的地方是什麼？問問他們為什麼要這麼做？有何生命的特殊體驗？

補充教材與課後自學

電影片名：逆轉人生（Intouchables）	主要演員：佛朗索瓦克魯塞、歐馬希
發行時間：2012 年	發行地：法國
探討主題：偏見的化解、友誼的力量	
內容簡介	本片為雙男主角，一位是家財萬貫的富翁菲利普（佛朗索瓦克魯塞飾），在一次跳傘意外中受重傷而終生癱瘓。另一個男主角則是富翁特別選中的男看護（歐馬希飾），是個有犯罪前科的黑人混混。這兩個差異極大的人，有可能打破貧富、種族，以及其他種種個性行事差異的隔閡嗎？ 本片改編自真人真事，2000 年法國電視節目播出一位剛出獄、生活窮困的阿拉伯裔黑人青年，到一位癱瘓的富豪家擔任看護；這對黑白的老少配，從開始的互不理解，到最後終於建立起真摯的友誼。
值得一看	1. 本片獲得東京影展最佳影片及雙影帝大獎（兩位男主角），以及凱薩獎最佳影片、導演、男主角等六大提名。 2. 除了故事的獨特性及啟發性之外，兩位男主角的精湛演技讓人目不轉睛而被深深吸引，陳文茜小姐也曾在她的節目中極力推薦。
思考討論	1. 人際之間的差異對於人際相處有哪些正面或負面的影響？ 2. 是否可能因彼此某些差異過大而注定造成悲劇，例如：愛情、職場關係等？

<table>
<tr><td colspan="2">電影片名：姊妹（The Help）</td><td>主要演員：艾瑪史東、維奥拉戴維斯、奥塔薇亞史班森、艾莉森珍妮、西西史派克</td></tr>
<tr><td colspan="2">發行時間：2011 年</td><td>發行地：美國</td></tr>
<tr><td colspan="3">探討主題：同理心、偏見與歧視的形成與危害</td></tr>
<tr><td>內容簡介</td><td colspan="2">本片改編自全美暢銷同名小說《姊妹》，1962 年美國南方的密西西比州，23 歲的白人女孩史基特（艾瑪史東飾）剛從大學畢業返鄉，她想成為作家，但母親認為好婚姻才是女人的歸宿。
史基特一直對待黑傭如家人，她發現為白人一手帶大孩子的黑傭，經常得不到平等的待遇。在史基特的朋友家當幫傭的黑傭愛比琳克拉克（維奥拉戴維斯飾）機靈能幹、內斂沉著。另一名黑傭米妮有著一手好廚藝，兩人是最好的朋友。
個性善良的史基特對黑傭充滿同情和愛心，她決定實施一個計畫：通過親身採訪在白人家庭工作的黑傭之甘苦遭遇，將這些情況寫成一本書，以一種平靜而同樣充滿力量的行動，幫助黑人發起民權運動。</td></tr>
<tr><td>值得一看</td><td colspan="2">1. 飾演黑傭的維奥拉戴維斯獲得金球獎及奧斯卡獎最佳女配角獎，本片也獲金球獎及奧斯卡獎最佳影片及女主角等多項提名。
2. 雖是個舊題材，但並未老掉牙；因為族群的歧視仍舊存在，藉此片除了看到為黑人爭取人權的歷史演進外，也應面對至今許多人仍遭受歧視打壓的事實。</td></tr>
<tr><td>思考討論</td><td colspan="2">1. 你注意到周遭還有哪些歧視的行為？目前還有哪些族群依然受到歧視？
2. 你會如同片中的女主角，想出什麼計畫來幫助受歧視者去爭取應有的權益嗎？</td></tr>
</table>

<table>
<tr><td colspan="2">漫畫作品：妖怪聯絡簿（原名：夏目友人帳）</td><td>作者：綠川幸</td></tr>
<tr><td colspan="2">發行時間：2003 年</td><td>出版社：白泉社（日）／東立出版社（台）</td></tr>
<tr><td colspan="3">探討主題：分享、傾聽與同理心</td></tr>
<tr><td>內容簡介</td><td colspan="2">少年夏目貴志的父母早逝，輾轉寄住各親戚之間。他從小就有看得到妖怪的困擾，無法與人正常相處。直到某天碰到化身為招財貓的大妖怪「斑」，並找到了外婆鈴子留下的「聯絡簿」（友人帳）。才知道同樣看得到妖怪的外婆，跟許多妖怪決勝負後將輸的妖怪名字留下。被名字束縛的妖怪們，紛紛來找夏目要回名字；夏目只好以聯絡簿的所有權，跟「斑」訂下契約，在「斑」的保護下儘量將名字還給妖怪。
夏目與登錄在聯絡簿上的外婆「友人」們接觸的過程中，聽到許多妖怪跟人類的故事，並想辦法解決他們的煩惱。原本沉默寡言的夏目，漸漸知道不是所有妖怪都是可怕的，也能跟更多妖怪交心。但跟同為人類的養父母、同學的相處，夏目還有許多地方不了解。夏目是否能脫離因妖怪而造成的孤獨命運呢？</td></tr>
<tr><td>值得一看</td><td colspan="2">1. 因為夏目看得到妖怪，所以會有些外人看來奇怪的言行舉止；好幾任養父母也不想聽他說話，甚至害怕他。導致夏目缺乏與人訴說自己事情的經驗，不知怎麼跟人交談。反而是得到聯絡簿後，透過妖怪才有了對話的經驗，也學著從打招呼開始跟周遭的人們接觸。
2. 夏目在還給妖怪名字的過程中，知名度逐漸升高，愈來愈多妖怪找他幫忙解決麻煩。夏目都站在對方的角度思考，嘗試理解妖怪的心情及妖怪對人類的思念。有耐心而且不嫌麻煩的態度，贏得了妖怪的信任，同樣也使跟夏目接觸的人感到溫暖。因此，貓咪老師（「斑」變成招財貓後的化名）雖然抱怨夏目多管閒事而不顧自身安危，卻也總是挺身相助。
3. 有特殊才能的人常常因社會的不理解而被孤立，如夏目的外婆鈴子，她一生的朋友只有妖怪而已。夏目認識的驅魔師名取，雖融入社會成為知名演員，實際上也沒有真正的朋友，而夏目則是努力認識周遭的各種人。可見人會因偏見而拒絕了解與眾不同的人，但不要氣餒，還是要嘗試跟別人交流，才能開啟新的人際關係。</td></tr>
<tr><td>思考討論</td><td colspan="2">1. 如何敞開心胸跟別人分享自己的心事？如何才能整理並陳述自己的問題而不淪為單純的情緒爆發？
2. 如何才能將同情心轉為同理心，如何培養解決他人問題的熱忱與相應的能力？</td></tr>
</table>

Chapter 3

非語言溝通技巧：笑容、儀態與高品質的聲音

聽聽大學生的心裡話

大學有不少課程需要上台報告，當我看見台下同學面無表情或低著頭、根本不看我時，會覺得「好寂寞」、「好淒涼」！如同香港作家張小嫻（2013）在《荷包裡的單人床》一書所寫的：「世上最遙遠的距離，不是生與死的距離，不是天各一方，而是我就站在你面前，你卻不知道我愛你。」

換成現在的場景：「世界上最遙遠的距離，不是台上與台下的距離，不是人各一方，而是我就站在你面前，你卻不知道我說什麼。」同學啊！看看我、聽聽我，很困難嗎？

老師上課時一直強調「眼神接觸」是溝通的基本功，以前我不以為然，認為講話時看著別人的眼睛很不自在，我也不習慣別人盯著我。用耳朵聽不就好了，眼睛能「聽」嗎？既然不能，為什麼非得用眼神接觸？

但是，當我自己上台，發現無法與台下聽眾眼神交流時，就會認為同學不在乎我。台下同學的冷漠，讓我提不起勁、講不下去。這種單向傳播，應該算是無效的溝通吧！

笑容也是，我不笑的時候大家都以為我生氣，覺得我很難親近。以前我認為沒事為何傻笑，說話時臉上堆滿笑容很虛假，為什麼要「做假」？如果我不喜歡你，為什麼要假裝喜歡？我看到不少「雙面人」背後猛批評別人，見面時卻能笑嘻嘻，反差好大！

漸漸的我懂了，「愛的相反不是恨，而是冷漠」〔1986年諾貝爾和平獎得主利．維瑟爾（Elie Wiesel, 1928-）的名言〕。冷漠的殺傷力很強，為了避免別人誤以為我們不在乎他、忽略他，還是該多多展露笑容！

第一節　笑容和儀態的練習

嬰兒三個月大時，就懂得對熟悉及喜歡的人展現「社會性微笑」，以回報他們餵他喝奶以及逗他、抱他的辛勞。半歲後的嬰兒，會以大哭抗拒不熟悉的人，回到喜愛的人身邊立即破涕為笑。

嬰兒對喜愛的人之「笑容回饋」，讓照顧他的人感到莫大安慰，也使嬰兒顯得更加可愛；這是天生的溝通雙贏策略。為什麼人們長大之後，反而不愛笑了？包括對疼愛你的父母或長輩、真心關懷你的老師或好友，為什麼也吝於展現笑容？

笑容和儀態是可以練習的

世新大學校園記者　李皇慶

我曾在飾品店當店員，有一天生意不好，我坐在櫃檯內發呆；一時心血來潮，想試試看客人進來時先說「歡迎光臨」、再對客人微笑，會有何效果？結果，超過九成客人會以笑容回報；就算什麼也沒買，在店裡停留的時間也較長。從此以後我每天都這麼做，也常對著鏡子練習笑容。

小時候常被大人唸：「為什麼老是板著一張臉？」我覺得自己只是沒表情，沒事為什麼要笑？從事服務業之後才明白，笑容有多重要，當我以笑容面對客人，他們的表情也會放鬆、溫和許多。

有位老師告誡我：「年輕時不要老皺眉、苦著臉，年紀大了，那些眉頭上的皺紋、兩頰的法令紋都會留下來，看起來就會愁眉苦臉。」我當時不把這些話放在心上，就業之後看過許多人的臉，才驚覺老師說的真準！

我常看到客人皺著眉、嘴角向下，好像失戀、感冒、腳趾頭踢到櫃子。這樣的客人往往態度也不好，就算我主動打招呼，仍是一副愛理不理的樣子。我幾乎可以想像他們在家裡也是板著臉、對什麼都不滿意，家人都不喜歡跟他接觸。所以我提醒自己，不論何時都要面帶微笑，這比擦什麼保養品都有效。

微笑會直接影響別人對你的第一印象，例如：聚餐時朋友帶了剛交往的女友來，若她帶著笑容，大部分的人會覺得她很好相處；如果她板著臉，大家會認為她心情不好或不喜歡我們。面試也一樣，面帶微笑走進會場，讓人覺得這個人從容不迫、有自信、喜歡這份工作；反之，則會讓人誤以為他緊張、沒自信，對這份工作缺乏興趣與熱情。

如果自認長得不好看，從今天開始，對著鏡子練習微笑吧！你會發現自己其實滿好看的。

關於儀態，有一件事情讓我印象深刻。我曾在某知名鞋店工作，一天一位身材高挑、外型亮眼的空姐來買鞋。她試完鞋子後，突然在我面前將鞋子從腳上甩下來，好像這裡是她的家。想必她回家時在玄關脫鞋就是這個樣子，任鞋子摔在一旁；她家門口應該散落一地的鞋子吧！

這可不是我想像力豐富，而是「個人的儀態會直接暴露自己的生活習慣」，何況她是一位受過儀態訓練的空姐！我們應該要隨時注意自己的行為舉止，一個小動作就可能改變別人對我們的評價。

我的一位同事常被店長責備態度不好，他很疑惑，明明該做的都做了，為什麼店長還是不滿意？據我觀察，這位同事在客人面前，兩隻手常一直晃著不知擺哪裡。站著的時候也隨性的靠著櫃子或牆面，給人不莊重的感覺。即使他的專業知識很強，仍讓人覺得他不太尊重客人。

關於站姿，我有幾點建議：

- 抬頭挺胸。駝著背、聳著肩，給人沒自信的感覺；抬起頭、眼睛直視前方，給人積極進取的印象。
- 雙腳站穩、膝蓋打直，重心平均放在兩腳，才不會造成膝蓋的負擔。腳是我們人體的地基，如果沒有站穩，整個人的儀態會跟著走樣！

・雙手自然垂在身體兩側，才是最好的姿勢。若雙手交握背在身後，好像你是主管；雙手環抱胸前，好像你在防備什麼；雙手叉腰，好像自以為是；一隻手插口袋，讓人覺得你在耍帥；兩隻手插口袋，好像很冷漠的樣子。

笑容和儀態都需要練習，從今天起，每天對著鏡子表現出好看的笑容和儀態，別人一定會愈來愈喜歡你。

一、如何保持笑容？

保持笑容的好處很多，統一企業總經理羅智先提到，在服務端的員工須優先挑選「會笑的人」，但在亞洲要找隨時有笑容的人不太容易。他說：「面試時要是對方笑臉迎人，先加20分。」羅智先試圖讓統一企業的風格活潑一點，例如：領帶顏色花俏一些。某次舉行美妝記者會，他替公司的五位主管打上「彩色」領帶，結果他們大多顯得不太自然（陳景淵，2013）。

笑容能使人更快升遷與領到高薪，例如：臺北101大樓鼎泰豐分店的黃冠霖，從真理大學英美語文學系畢業後，就嚮往到鼎泰豐工作；後來她從專員升到餐飲部組長，五年內提升了四個職級，比別人快了二級；29歲即已邁入晉升副主任的培訓階段。每個月除了底薪五萬元之外，還有微笑、禮貌等績效獎金一到二萬元。她受到重用、獲得高薪的主因是笑容，連董事長楊紀華都不禁要問她：是否上班非常開心？楊紀華外派她到西雅圖一年開設分店，回國後經常要她接待重要的國際貴賓，例如：好萊塢巨星湯姆・克魯斯（Tom Cruise, 1962-）。另外，每半年一次的海外巡店，都派她去「笑給別人看」（陳雅琦，2014）。

男性也能藉由微笑創造奇蹟，報載，臺北市大安警分局門口的「微笑警察」陳冠丞，你經過時他會以熱情的笑容跟你打招呼，也因而認識了在附近工作的「老婆」。結婚時，半數賓客是他微笑打招呼的「路人」，他邀一起喝喜酒但不收禮金。

陳冠丞為何保持微笑？原來因為他脾氣不好，每次與人意見不合就據理力爭；多次與上司、同事起衝突後，考績被打了「丙等」，因此心情更差。有一次，一位路過的女子向他微笑道「晚安」，讓他感覺非常溫暖，覺得自己不該繼續忿忿不平，從此開始對路人微笑、打招呼。除了說：「早安、午安、晚安」，還會說一些鼓勵的話，例如：「上班加油」、「下班愉快」。

根據美國有線電視新聞網 CNN 旗下旅遊網站 CNNGO 的報導，Travelzoo 的「友善程度」調查，16.9 %的受訪者覺得日本人最友善，其次是臺灣，泰國第三名。臺灣民眾親和力十足，充滿笑容、有禮貌、熱心助人，這是我國觀光旅遊業最穩固的「地基」。希望 2014 年起的「十二年國民教育」，也能特別珍惜及加強未來公民的這項課程，使「臺灣最美的風景是人」這項優勢，繼續傳承下去。

甜美的微笑，讓人無往不利

世新大學校園記者　何穗容

自然甜美的微笑，總讓人無往不利。笑容是可以訓練的，別再怨天尤人了，快快一起掌握致勝的秘訣吧！

・多照鏡子

首先要建立自信美，就是要由內而外散發出「自我肯定」的訊息。抬頭挺胸、眼神堅定，流露正向的氣質。

小芬常說自己不美，常到我住處看看衣櫃、化妝品，問我怎麼打扮。我笑著問：「妳怎麼每次都不看重點？」我指了指衣櫃旁的落地穿衣鏡，她還是不懂。我拉她一起照鏡子：「妳連自己看起來順不順眼都不知道，怎麼要求別人喜歡妳？」

照著鏡子仔細端詳自己吧！妳會發現自己的睫毛很美、眼睛很有神或牙齒很白。

・適度打扮

如果妳拿「自然美」當藉口，縱容自己當個懶惰鬼，不美絕對是妳自己的問題！當然，打扮要看場合，過度打扮會讓人產生距離感。小芬就像許多女孩子一樣，對當個漂亮女人有無限憧憬，卻不知從何下手，於是湊齊了化妝品想「改頭換面」，但仍得不到男孩的青睞，反而讓同學感到厭惡。

我提醒她，大學生化妝要清爽、有氣質，改掉「奇異筆式眼線法」，不要把整個眼睛框住。打扮要畫龍點睛，挑一個自己最滿意的地方來加強，其他部分自然就好！最終還是要回歸「有自信」。

・美好的笑容

沒有不能笑的時候，即使參加喪禮也可以給對方一個溫暖安慰的笑容！但要拿捏得好並不容易，只要你發自內心想鼓勵對方，他們也能會心一笑。

不要讓自己哭喪著臉！照照鏡子，嘴角是不是有點承受不住地心引力？笑其實是自然反應，微笑通常是為了禮貌，最忌諱「皮笑肉不笑」。笑時要搭配眼睛（眉開眼笑），露出上排牙齒較為自然，牙齦絕對不要全露。

「笑容」對於人際關係真的有神效嗎？有位學生說：

「俗稱『伸手不打笑臉人』，我是個常常笑的人，跟別人第一次接觸時，一般人對我的印象都不差。即使我遇到不很熟悉的人，也會先點頭或打招呼，別人都覺得我很有禮貌、很熱情。但是有個問題可能是天生的，我的笑聲比較特別，常讓人覺得奇怪，這是我要改進的地方。」

笑容能令人愉快、有好感，你是否有保持笑容的好習慣呢？良好的表情習慣——笑容，須包括四個要點（張婷婷譯，2013，頁 58-67）：

- 眼睛笑起來像彎彎的月亮。
- 笑起來兩頰往上抬高。
- 露出上排牙齒的微笑。
- 笑時臉頰的左右均等。

要笑得自然、持久，並非容易的事，要多多練習。可配合臉部按摩，使臉部肌肉的運用更加靈活。

二、眼神接觸的重要與困難

與笑容搭配的是眼神，如「眉開眼笑」，這樣的笑容才真實、自然、開朗。與人交談時要與對方眼神交流，這是基本禮貌。對不少人來說，「眼神接觸」頗為困難。有位大學男生說：

> 「我是個很害羞的人，跟別人說話時總不敢看別人的眼睛（尤其是女生）。和對方面對面時，我的眼睛會游移，常讓人誤以為我不真誠。為了解決這個問題，我試著先跟比較熟的朋友練習，漸漸才敢與人眼神接觸。」

無法眼神接觸除了個性害羞，不少時候是因為「不願意」看著對方，有可能是對於說話的人或說話的內容感到不滿、不服氣、不同意，甚至是潛在的看不起，所以在眼神上保持距離、避免接觸。就像交通尖峰時間搭車，只要眼神迴避，對於擠在身旁的陌生人就能免除尷尬。然而大多數的人際交往，還是從誠懇的看著對方開始較好。

我們都聽過「眼睛是靈魂之窗」，眼神可傳達內心真實的情感，如「眉目傳情」，眼神也反應個人內在的念頭，孟子說：「要了解一個人最好的方式，莫過於觀察他的眼神。眼睛無法掩藏心中之惡，光明磊落的人眼神清亮，反之暗沉。聽別人說話時，要同時觀察他的眼神，這部分最真實」（「存乎人者，莫良於眸子。眸子不能掩其惡。胸中正，則眸子瞭焉；胸中不正，則眸子眊焉。聽其言也，觀其眸子，人焉廋哉」《孟子・離婁上》）。

我們從對方的眼神了解他，反之別人也從眼神來了解我們。所以這部分要特別加強，不只觀察別人的眼神，也要注意自己的眼神。但，資訊科技時代造就了「低頭族」，使溝通時的眼神接觸益形困難。

三、表情及動作對溝通的影響

溝通時的表情及肢體動作屬於「無聲語言」或「非語言訊息」，如同「語言訊息」一樣傳遞著你的心聲，甚至更加真實，例如：

- 看著天花板，表情凝重，表示你懷疑對方所說的話。
- 眼睛不與對方正面接觸，表示有防衛心理而且通常缺乏自信。
- 輕微皺眉甚至略打呵欠，表示你對話題沒興趣。
- 單手撐著下巴，表示覺得對方的話太冗長，已感到不耐煩。

與人溝通時，可由非語言溝通訊息蒐集資訊，即所謂「察言觀色」，對他人會有更多、更正確的了解。同時也要注意自己說話時不經意流露的非語言訊息，會洩漏內心的秘密。可以透過鏡子、照相、錄影等觀察與記錄，覺察自己表情與儀態的習慣及構成的影響。

洪蘭（2009）曾發表一篇文章〈不想讀，就讓給別人吧！〉，她提到去某大學醫學院評鑑看到的上課情形：

> 「上課秩序極不好，已經打鐘了，學生才姍姍來遲。進來後，有人吃泡麵，有人啃雞腿，有人打開電腦看連續劇，有人趴在桌上睡大覺，打手機、傳簡訊的就更不用說了。……自由進出，好像菜市場，視授課老師為無物。」

洪蘭教授看到的是學生上課時的肢體語言，傳遞出他們對於某種課程的態度。除此之外，有些大學生還會以冷眼旁觀、抱胸、皺眉等動作，表達他們覺得這門課很無聊或對老師不服氣。

上課到底可不可以吃東西？有些教授允許，擔心學生來不及用餐而沒精神上課，或覺得吃東西對於上課效果沒什麼影響。看到學生上課吃東西不但不生氣，甚至認為代表老師體諒與關懷學生的心意，有利於師生關係。

至於上課接手機或滑手機，可能已成為一項班級經營的困擾。不少大學生有手機焦慮症，很擔心自己被孤立、與世界脫節，一機在手就希望無窮。但手機成癮即無法專注上課，幾秒鐘就必須滑一次。

手機或社群網站剛開始出現時，確實有利於人際關係，可以快速傳遞訊息、便於與朋友連繫。如今，明明家人、朋友聚在一起，大家卻各自滑著手機。愈來愈習慣在網路以文字溝通，對於真實的「人際互動」反而生疏。

四、服裝儀容與態度的重要

儀態除了眼神、笑容、姿勢、動作之外，還包括服裝。面試時要怎麼穿？打工、上課、聚會的服裝，也都有象徵的意義，會影響別人對你的解讀。這部分可透過對他人的觀察、照相記錄或對著鏡子練習，不斷的改進。

以面試來說，先要避開致命的缺點。形象專家陳麗卿（2014a）提供「大學面試穿著」建議，對於大學生應徵實習、打工或研究所面試也適用。要避免的部分如：頭髮染得五顏六色、破褲破衣、濃妝豔抹、指甲彩繪、有色瞳孔片，頭髮遮頭蓋面、毛燥、油膩、分叉、塌陷，或是印堂間有雜毛、眉毛線條雜亂、眼角有分泌物、嘴唇明顯乾裂、衣服領子髒污、指甲骯髒等。

女生要避免熱褲、服飾太花俏或暴露，以及無袖的衣服、晃動的首飾或會發出聲音的手鐲。千萬不要穿露出腳趾的鞋子，穿著的原則為整潔與美觀。女生可穿一件好看的上衣，配合簡單俐落的裙子或長褲。男生可穿襯衫，配合較正式的長褲。

陳麗卿（2014b）再針對大學生之就業面試，發表〈以俯瞰穿衣法，檢視你的面試服〉一文，她建議：採用「俯瞰穿衣法」，利用「俯瞰」的視角想像自己置身於那個行業，以更高的角度與客觀的眼光來看自己的穿著。接著，利用相關雜誌或網站，找到這個行業的「model 示範」，然後練習穿出那個行業的「既定印象」；或帶著你的雜誌 model 去採購，拿給銷售人員看，請他們協助你。

面試時要避免全身穿名牌，讓人覺得你無法承擔重責大任（時尚業除外）。也要避免衣服中含有侵略性元素，如豹紋、骷髏頭、凸起的鉚釘、過於暴露、閃亮誇張等。

有些大學生在校是風雲人物、一帆風順，卻忘了到職場就得一切「歸零」。如臺灣大學前校長李嗣涔所說：「態度決定你未來的高度，要謙虛、敬業、不諉過、守時、為人著想。」為什麼要謙虛？亞里士多德（Aristotélēs, 384-322 B.C.）說：「對上級謙恭是本分；對平輩謙遜是和善；對下級謙遜是高貴；對所有的人謙遜是安全。」為什麼要敬業、不諉過、守時、為人著想？因為，職場上一定要負責任、多學習、接受責難、與人合作。「態度」永遠有進步的空間，沒有滿分的時候。

第二節 高品質的聲音

「口條」是指說話俐落、口齒清晰，這部分並非天生，可由後天練習來修正聲音的表現。

「你聽起來……」：聲音的品質揭露了你的狀態

政治大學校園記者　簡嘉貞

「為什麼你買東西時，和老闆說話都戰戰兢兢的？」媽媽問我。

「有嗎？」我回答。

在這之前，我從來沒注意過我的聲音，只知道自己唱歌時能得到一些掌聲，其他則一無所知。

聲音是我們和外界溝通的媒介，曾有人問我：「如果將失去所有感覺，只能保留一項，你最想留下什麼？」我立即回答：「聽覺。」

如果一個人想隱瞞什麼，臉部表情到身體姿勢都可以偽裝，聲音卻騙不了人。說謊的人開口前會猶豫，然後突然用高亢的音調劈哩啪啦地說一長串的話。

我曾試著「聽」自己的聲音，唱歌、聊天、上台報告……，發現我的聲音很柔軟，好像飄在半空中。我嘗試讓那些聲波「登陸」，發出的卻是粗啞的重低音！我只好放棄亂槍打鳥的試驗，從觀察別人著手。

首先，我注意到心理諮商師的講話方式，他們說話不會搶快也不會用過分誇張的語氣來表達情緒，聽起來很舒服。我發現所有成功的演講者，都能在發出聲音時就掌握住聽眾的注意力。一方面是因為音質出色，但關鍵還是語氣中的真誠。

練習方式：錄下自己的聲音，反覆播放、修正，直到找出讓自己滿意的說話方式為止。

前些日子，我一時興起，錄下自己朗讀文章的聲音，結果「慘不忍聽」，我懊惱到立即按下刪除鍵。我不服輸，接連試了四、五次，才漸漸找到自己講話的模式。至少我現在更了解自己的聲音，也知道別人如何感受「我」這個人。

原本我擔心這樣的聲音演練，是否淪為做作？但商學院的同學告訴我，各行各業本來就有專屬的頻道，如果一個理財專員以不確定的口氣向你介紹投資組合，你會買嗎？他還說，商學院的教授除了重視他們的姿態、反應，連講話的聲音也要加以潤飾。因為只有語氣夠堅定、聽來有自信，才能和專業形象完美搭配。

聲音的大小：「噓！小聲一點。」

每個人的記憶中，都曾被喊過「噓！小聲一點」，很糗卻總記不住教訓。高中時，同學在公車上大聲「分享」，引起車上一位伯伯怒斥。餐廳吃飯時，大家總習慣大聲喧譁，一人一句、你來我往。但我的外籍英文老師說：「餐廳的氣氛是大家花錢買來的，怎麼可以讓少數人破壞光？」開始我不以為意，因為我就是最吵的那一個。但我漸漸了解老師的意思，每個人都有權利使用公共空間，當我們聊得盡興時，應該注意到是否妨礙到他人。

練習方式：隨時注意自己所在的場合，提醒自己和朋友適當的說話音量。

每次興致一來、話匣子一開，音量也跟著提高，這時我和朋友就會互相提醒，當聲音過大、可能吵到別人時，互相「噓」一聲。不僅還給他人舒適的空間，也避免我們的話題落得「人盡皆知」。

一、音量是否恰當、穩定？

音量要「不大不小」剛剛好，若聽起來很微弱，使人覺得聽得吃力，就失去聽下去的興趣。音量太大則給人情緒不穩定、不耐煩的感覺，甚至像噪音，使人聽來不悅。

我們是否知道自己的音量是否能自然的聲聲入耳？在平常的談話中比較容易測試，因為我們也能感受到別人說話的聲音大小。若是公開說話，就需要做精確的檢視，即使有麥克風輔助，也需要詢問在場各個角落，是否都聽來輕鬆及清晰。無麥克風時，則需以丹田的力量讓聲音洪亮，自己不會說來吃力，致使聲帶受損。

如何使用丹田的力量？先要學習正確的發聲方法，例如：

・腹式呼吸法，發聲時運用腹部肌肉及橫膈膜用力。

- 發聲的位置要向前及稍高，像打呵欠、笑、吃驚、聞花香、哼歌曲的感覺。
- 頸部肌肉要放鬆，多「訓練」以身體來正確發聲。

這部分需要專業的教導與練習，效果絕對值得；使我們不需再擔心聲帶長繭，及聲帶慢性發炎等問題。

腹部呼吸的方法是（何華丹，2006，頁 138-139）：

想像腹腔裝了一個氣球，開始做深長緩慢的吸氣，想像腹中氣球慢慢充滿空氣，使腹部向外膨脹，吸盡氣後閉氣（心裡數兩下），再把氣慢慢呼出，腹部往內收，呼盡氣後閉氣（心裡數兩下），再把氣慢慢吸進。不要太快太急，以免換氣過度而出現暈眩與頭痛。可躺在床上練習，放一個稍有重量的枕頭在腹部，吸氣時腹部膨脹將枕頭頂起，呼氣時腹部收縮使枕頭下沉。

吸氣時，腹部肌肉不要過度緊繃，要保持像彈力球般可往下壓的狀態。

二、語速是否快慢適中？

語速過快使人來不及聽，也容易感到疲倦；語速過慢則因停頓太多、節奏不夠緊湊，讓人失去繼續聽的吸引力。就像樂曲的節拍，不同性質的音樂有不同的節奏，不能搶拍也不能掉拍。

一般人說話的速度較快，若是單純的談天還接得上，要是會議或公開發表，會讓人聽不清楚或抓不住重點。因此，較重要的事或對較多人說話，要放慢速度、加強咬字的清晰度。

三、語氣是否使人愉悅？

語氣太重或說話時情緒激動，會使人有壓力，難以與你心平氣和的溝通。尤其要說些「難以啟齒」、擔心對方聽了會不高興的話，更要注意說話語氣是否有貶抑、責難的意味，讓人產生防衛心理，抗拒與你繼續溝通。

另外，語氣要與語速配合，語速不要過快，語氣不要短促。想像自己的話語像「珍珠」，語氣就是把珍珠串起來的線，連貫、不隨意停頓，才能串成完美的珍珠項鍊。

四、音調是否富於變化？

聲調要有抑揚頓挫的變化，過於平板、單調，會讓人想睡覺。尤其是長時間的演說或講解，單調的聲音會使人產生莫名的壓力與厭煩，使溝通更加困難。

一個好演員一定會在聲音情感上努力琢磨，好的演講與人際溝通也一樣，要有戲劇化效果的音調展現。

五、音色是否引人入勝？

音色雖是天生，但還是可以設法使之悅耳動聽。聲帶保健的方法如下：

- 常喝溫水、少喝冰水。
- 不大聲說話。
- 睡眠充足。
- 不以咳嗽方式清喉嚨，改以喝水或吃水果的吞嚥方式。
- 不要習慣性的加重語氣。
- 聲帶受損或粗啞，應去耳鼻喉科之聲帶保健診斷及治療。

聲音若不好聽（多半後天造成），長相再好也會使溝通效果打折扣。要如何「聲如其人」？使聲音與外型一樣美好，甚至以更好的聲音增加個人魅力與溝通效果，這是非常值得用心的地方。

溝通的細節與小撇步

仔細觀察周遭的人，他們的眼神、表情、動作、儀態、穿著、聲音等，給你什麼樣的感受？尤其是那些給人美好感受的「楷模」，訪問他們，了解他們如何做？

補充教材與課後自學

<table>
<tr><td colspan="2">電影片名：自殺專賣店</td><td>主要演員：Bernard Alane、Isabelle Spade、Isabelle Giami、Laurent Gendron、Kacey Mottet Klein</td></tr>
<tr><td colspan="2">發行時間：2012 年</td><td>發行地：法國</td></tr>
<tr><td colspan="3">探討主題：人際影響與關懷、微笑的力量</td></tr>
<tr><td>內容簡介</td><td colspan="2">本片改編自書籍《自殺專賣店》（中文譯名《找死專賣店》），是一部黑色動畫歌舞喜劇片。
因為世界上有許多不快樂的人，所以大街的轉角處有家傳了許多代的特殊商店——自殺專賣店，專門出售各種自殺器材，可配合你的條件及需求來幫助你成功自殺。這個家族的成員從出生起就不會笑，但如今命運改變了，剛出生的嬰兒阿倫卻很愛笑，無論家人怎麼掩飾或影響，他仍然如此。阿倫長大後，不僅從未改變，還反過來想影響父母熱愛生命。他不樂見世人只想著如何去死而不能珍惜美好的生活，於是用盡方法希望他們不要輕易放棄。
阿倫的姐姐是個胖妞，阿倫稱讚她美麗，卻令她感覺自己很醜而希望自殺。但因為阿倫的關係，使她與原本也想自殺的客人——俊男相戀。最後他還成功地使最嚴肅的爸爸開懷大笑，從此結束家族殺人的病態行業，改開散播歡笑的餐廳。</td></tr>
<tr><td>值得一看</td><td colspan="2">1. 本片運用十分幽默的方式呈現灰暗的心理及自殺防治的重大議題，由片中所傳遞的信念可知：悲觀與樂觀並不相違背，其實是一體的兩面。
2. 本片的動畫乍看是平面的，卻能呈現出立體感。
3. 本片同時處理最絕望以及最有希望這兩種極端情境與心境，也令人十分動容。</td></tr>
<tr><td>思考討論</td><td colspan="2">1. 一死百了或是活著總還有希望？當你周遭有人非常沮喪與絕望，該如何支持與鼓勵他？
2. 如何保持樂觀正向的心境，遭遇挫折時能不怨天尤人，還能「健康的求助」（是指正確的心態，以及求助於正確的人）？</td></tr>
</table>

電影片名：在黑暗中漫舞（Dancer In The Dark）		主要演員：碧玉、凱瑟琳丹妮芙、尚馬克巴爾
發行時間：2000 年		發行地：丹麥
探討主題：人際的兩難困境、對弱勢者的關懷、樂聲中的情感		
內容簡介	1964 年，捷克女子莎瑪（碧玉飾）為了治療兒子即將失明的眼睛，帶著兒子偷渡到美國，在地下織品工廠做女工餬口，與琳達（凱薩琳丹妮芙飾）是同事，彼此的感情非常好。莎瑪每天長時間的加班，所有的積蓄都存起來當治療兒子眼疾的手術費（莎瑪也有此遺傳性眼疾）。 即使現實生活如此窘迫，莎瑪仍保持積極樂觀的態度。她常幻想自己是個歌舞明星，站在舞台上唱著跳著，眼前的煩惱也暫時消失。 悲慘的是，一名面善心惡的警察鄰居竟然偷了她的錢，情急之下，莎瑪將這名警察殺死，非法移民的她自此陷入黑暗的深淵…… 在黑暗中漫舞是指，即使莎瑪自己已逐漸失明，仍以歌舞的方式讓自己堅強的走下去。因殺人而被判了絞刑，臨刑前，她顫抖到站不起來，但是最後能安撫她的，還是孩子以及歌舞。混著莎瑪撕裂的歌聲，虛弱的自我安慰，唱出對兒子的叮嚀。 她不顧一切保護孩子，受盡不公平待遇，是個標準的悲劇英雄。	
值得一看	1. 本片女主角碧玉，是冰島創作歌手、音樂製作人。她在 1990 年代，有三支單曲登上英國單曲榜前十名，贏得多座全英音樂獎、英國音樂錄影帶大獎等，曾十四次提名葛萊美獎。她憑藉《在黑暗中漫舞》及電影原聲帶獲奧斯卡獎以及金球獎提名，並獲得 2000 年法國坎城影展最佳女演員獎，而這是她首次參與電影演出。本片出動一百部攝錄影機同時拍攝，場面十分浩大。 2. 故事情節十分沉痛，令人久久難以忘懷，用意在引發世人對弱勢族群及公平正義、良心等議題的討論。	
思考討論	1. 為什麼善良的人卻遭受最大的挫敗及最不公平的待遇？莎瑪可否不死？不死是否是較好的結局？ 2. 為什麼有人不但不同情弱者、還要無情的欺壓他們？ 3. 弱者支持弱者就能成為強者嗎？還可以怎麼做？	

<table>
<tr><td colspan="2">動畫作品：釣球（原名：つり球）</td><td>導演：中村健治</td></tr>
<tr><td colspan="2">發行時間：2012 年</td><td>製作公司：A-1 Pictures</td></tr>
<tr><td colspan="3">探討主題：積極的態度與肢體語言</td></tr>
<tr><td>內容簡介</td><td colspan="2">故事舞台設定在湘南的江之島，講述因家庭因素而不斷轉學、不擅與人交流、從未嘗試過交朋友的高中男生真田雪（CV：逢坂良太），以及邀請雪一起釣魚並自稱宇宙人的春（CV：入野自由），在江之島土生土長、對周圍各式各樣事物抱持不滿的少年宇佐美夏樹（CV：內山昂輝），保持著若即若離的距離觀察三位少年的神秘印度人阿基拉安格魯卡魯山田（CV：杉田智和），這四人的相遇並以此展開青春與釣魚的故事。
雪為春異常樂觀積極的個性所折服，在半拖半就下開始跟被稱為「釣魚王子」的夏樹學習釣魚。因雪消極、不敢表達自己的主張，也不敢道歉的態度，使夏樹的教學頻頻受挫。被夏樹大罵「這樣什麼事都做不成」，受到震撼的雪，開始改變自己對人事物的態度，不再以失敗或被人討厭為前提思考，而是直接面對釣魚這件事，並坦率接受春的鼓勵。終於，雪開始脫離保護自己的硬殼，從釣魚開始發展自己的興趣。</td></tr>
<tr><td>值得一看</td><td colspan="2">1. 雪因為害怕被人討厭，總在意自己給別人的第一印象。明明努力想和大家打招呼，卻擔心自己的說話跟表情有問題會引人不快，反而因此太緊張而繃緊了臉、說話結巴，給人更糟糕的印象。雪過度在意第一印象的失敗，因而放棄跟人進一步交往。每個人都有失去自信的經驗，要如何跟別人展現自己是必要的議題。自我介紹時要展露自己最好、最有精神的一面，不要害怕台下的目光。
2. 將魚從水面中拉出來的爽快感，恰似將自己從保護的外殼中拔出，接觸新的世界。雪只敢從智慧型手機中查資料而不敢問周遭的人，但自從他抬起頭詢問他人時，他學釣魚也快了許多。雖然一開始有些結巴，但多問幾次之後，與人相處的態度也自然許多。</td></tr>
<tr><td>思考討論</td><td colspan="2">1. 如何流暢的自我介紹？如果給人的第一印象有些失敗，要如何補救？
2. 跟閃躲、說話結巴等情況相比，怎樣的肢體語言與態度，才能給人積極、正面的印象？</td></tr>
</table>

Chapter 4

演講與辯論能力的必要與訓練

聽聽大學生的心裡話

我不喜歡上台說話，課堂上小組討論後如果要上台報告，我都儘量推給別人。當我知道淑俐老師的課一定要上台演講時，我掙扎了好久，到底要不要退選？身邊好幾位同學都退了；我咬咬牙決定接受「挑戰」，總不能躲一輩子吧！

後來，同學看到我絞盡腦汁寫演講稿卻一直背不起來（王老師不准上台「讀稿」），都笑我自找麻煩、自討苦吃。演講後接著又要準備辯論，退選的同學不禁質疑：「為一堂課付出那麼多，值得嗎？」

我的答案是：「值得！」因為經過上台演講與辯論之後才明白，課堂上練習的機會及時間都太少了。我才剛剛知道演講與辯論是什麼，剛剛領會為什麼要寫演講稿及背熟稿子，剛剛能清楚表達自己的立場並學習「君子之爭」時，學期已進入尾聲。

我不是為了成為名嘴或要辯贏別人，才學習上台說話。我知道太多人的口條、主持功力、邏輯思考、反應都比我好，但我更知道一定有機會為自己或別人發言，所以要多學一些演辯技巧，使表達更強而有力。讓別人不僅聽得明白，還能被我說服而改變立場。

從前，我以為把話說完就代表達成任務，卻常白費唇舌。自己上台演辯以及看過別人的台風與辯才後才知道，我對演講與辯論的誤解有多深，這部分要學的技巧還很多。

第一節 演講能力的價值與演練

有一次，我為來自浙江的大陸教授訪問團演講時，他們提到來臺參訪的某次經驗，足以證明大學生的演講或發表能力很重要。

他們到某所頂尖科技大學參觀國際發明大獎的作品，校方安排得獎學生親自介紹。有一組同學講解得十分精彩且簡潔有力，另一組卻在連續三個學生上台補充後仍讓人聽得迷迷糊糊；不由得令人懷疑他們得獎的理由，也可惜了一件好作品。

說話要「言之有物」

政治大學校園記者　簡嘉貞

前幾天收到學弟妹的邀請，要去一個校際交流場合做「課程分享」。平時我對自己的上台發表很有信心，所以沒多做準備。不料當天卻講得有如「脫韁野馬」，看著台下一張張沒有表情的臉孔，愈想討好他們就愈離題，繞了半天也回不到重點，台下同學看起來愈來愈疲憊。直到我談到親身經歷，才漸漸穩住陣腳。

和他人談話若不能言之有物，就會影響對方傾聽或交談的意願。有一次，同學向我抱怨和導師說話時找不到共鳴、壓力很大。後來才知道，他因過度緊張，講話時字斟句酌，好半天沒講到重點，老師才說：「你在說什麼，我都聽不懂。」

聽到同學的困境，我也順便自我檢討。當別人說話太過迂迴或冗長，是否會引起我的不耐？答案是肯定的！所以，之後我和別人談話，都會偷偷催促自己：「少說廢話，不可鋪陳過長，趕快達陣！」

如何言之有物？有些同學上台報告前，會請同學幫忙聽一次。除了學習掌握時間、看看內容有沒有問題之外，也可以使報告更簡潔有力。總之，不要過度自信，虛心受教及多次練習有助修改並熟練報告內容，上台時才不致「露出馬腳」。

一、演講能力的價值

《富比士》雜誌公布2013年全球富豪榜第八名之香港富商李嘉誠曾說（王祥瑞，2010，頁 34）：「有較大影響力的經理人，是那種有高度溝通能力的人。……可以在最短時間建立起最大影響力的，就是演講能力。」

演講亦稱「公開發表」或「公共傳播」，是「一對多」、最經濟有效的溝通方式。演講能力的高低，展現如何在有限時間內清楚表達自己的意思，並產生影響力與說服力。

若對自己的演講能力有把握，會更有自信；反之，害怕在公眾面前發言或想躲開上台說話，會愈來愈退縮。演講能力是達成人生目標的重要工具，能在公開場合「說來自在」，有助於事業發展與生活滿意度。

演講能力在大學階段有許多機會培養，例如：課程上的口頭報告、一般會議的發言、擔任班級或社團幹部宣布事情、舉辦或主持大型活動、參加校內外相關競賽之介紹與說明，以及準備企業實習或研究所入學的面試。

大學課堂有許多小組討論，之後即需上台發表。如果由小組推選代表，通常會是固定的幾個人；不少人因自覺沒有足夠的演講能力，一再將表現或磨練的機會拱手讓人，失去成長與突破的機會，實在可惜！

職場上公開發言的機會很多，如：一般會議的提案或建議、企畫案之簡報、向廠商或顧客介紹自己的機構或產品等。所以大學階段一定要儲備及磨練自己的演講能力，「養兵千日，用在一時」，屆時才能「一鳴驚人」。

科技人才除了具備研發能力或高超技術，同樣也需要演講能力，向內或向外針對廠商或上司「說明」或「行銷」自己的專業與產品，以贏得支持、量產及採購。

我還是大學新鮮人時，很幸運的「被拉入」演辯方面的社團。之後擔任副社長以及代表臺灣師範大學參加十多次校際演講、辯論比賽。這部分的經驗與收穫不輸給大學的正式課程，具體成果包括：

・使發音正確、口齒清晰、音量足夠。
・不怕上台或面對台下觀眾的眼光與反應。
・能夠運用表情及手勢加強口語表達的效果。
・能夠寫出好的演講稿或辯論稿打動人心，說服、改變別人。
・有機會觀摩其他高手的口語表達，學習別人的長處、修正自己的缺失。
・更勇於爭取或把握上台發言、與人討論的機會，自信心隨之增強。

我若沒有參加演辯社團，沒有國文系張正男教授及諸多學長姐的指導，單靠自己「土法煉鋼」，絕不可能突飛猛進，更不用說「無心插柳柳成蔭」，培養了第二、第三專長，成為「多職人」。如今除了在大學任教、各訓練單位開設領導與溝通課程外，還可以寫作及出版專著（目前已出版超過五十本書），每月應邀之專題演講約十五場。

二、演講能力的磨練

演說家、主持人不是天生，即使口條或外型較好，若未加以修正與強化，仍無法突破與創新。某些人也許天生的聲音好聽、長相可愛、儀態大方、會寫文章，學習演講較事半功倍。若無反覆演練、去蕪存菁，不等於必然成功。

若天生條件不足，更要「人一能之，己百之；人十能之，己千之。果能此道矣，雖愚必明，雖柔必強」（《中庸》第二十章），多觀摩別人演講，努力練習與修正，找到及突顯自己的優勢或強項，一樣可以展現演講的魅力與穿透力。

上台不能唱「獨腳戲」，要以眼神、問答、動作與台下互動，這部分要靠很好的演講內容與多次練習，與一般閒聊不同。在台下聽別人演講，也是很好的楷模學習，可身兼觀眾、觀察員或評審等角色，判斷演講的好壞並給予建設性的講評。經由觀察及仿效的「社會學習」，效果不亞於親自練習，均可快速提升自己的演講功力。

很多人害怕上台，其實怯場是可以克服的。隨著演講能力的提升，怯場程度自然下降。演講沒有天才，可經由訓練而熟能生巧，磨練的項目與目標包含下列四大範疇（王淑俐，2013，頁 85-88）。

（一）表情儀態

1. 站立的位置

演講前先選好最佳位置，可以看到聽眾或讓聽眾看得到你。與聽眾維持適當距離，不太遠也不太近，以雙手張開時不碰到聽眾為原則。

演講時可緩緩移動，避免過多、過快，才能顯得台風穩健。可走入聽眾當中，尤其是走向較後面位置的聽眾，但要避免將聽眾置於背後看不見的角度太久。最好事前排好聽眾的位置，以環型或馬蹄型為佳。與聽眾的距離不要太遠，以免無法與台下建立關係。

長時間演講時不要固定在同一位置，顯得冷漠、呆板、不想與聽眾親近的樣子。身體的姿勢要端正，不要倚靠講台、桌子或牆壁，顯得沒精神或太隨性。

2. 表情、動作

笑容有助於「社會連結」，是很好的人際潤滑劑，可提高親和力，促進台上與台下的自然互動。避免表情僵硬、嚴肅，使人誤以為架子大或情緒不穩定。

演講時要配合較明顯的肢體語言及表情，以自然、有趣、多變化為原則，若能展現自信與個人特色，更能吸引聽眾的注意。動作不宜誇張或太隨便，以免造成聽眾分心及降低可信度。

運用手勢有三個原則（頗類似打太極拳），即：

- 手臂打開，不要緊貼身體，以免顯得不夠大方。
- 手指合攏、手掌微彎向內，以免顯得很緊張。
- 整個手臂一起動作，而非只有手掌或手肘運動，以免力道不足。

3. 態度

台風要穩健，對自己發表的內容要有信心，過度謙卑會降低說服力，但前提是對演講有充分的準備。

態度親切，盡力表達對聽眾的關心及尊重，事前須對聽眾的動機、背景、心理狀態有更多的探聽，才能培養同理心，與聽眾產生共鳴。

適時、適度的讚美聽眾，引發其正面情緒與積極動機，並使聽眾喜歡你，進而接受你的演講內容與影響。

4. 眼神

眼睛要「環顧」全場，盡可能與台下聽眾眼神接觸與交會。這部分其實不容易，一般人習慣看到以自己為頂點，向外放射的三角形範圍，忽略場地兩側及最後面三分之一的聽眾。

注視聽眾時身體也要配合，以正面面向聽眾，而非只是轉動脖子。眼神要靈活、有精神，能充分表現內在的情感。

這部分可對著鏡子多次練習，練習時請同學提供他們的感受與建議。

5. 服裝儀容

上台要注重形象，衣著要整潔、合身、大方，適合個人的年齡、身分。服裝應與頭髮、鞋子的色彩搭配及協調，具整體感，使人感到賞心悅目及具有說服力。與面試服裝相同的是，除避免過於奇特與暴露外，可於事前選擇幾套服裝請老師及同學給予建議。

（二）語音聲調

- **咬字**：口齒要清晰，每個字都完整表達，使人聽來輕鬆、有韻味。
- **語氣**：語氣要連貫及委婉，避免過度強調而顯得霸道或粗魯。
- **語速**：語速比平常聊天稍慢，使每位聽眾都跟得上，並有機會消化或思考。也不可過慢或停頓過多，以致於跟不上節奏或失去緊湊感。
- **音量**：音量要足夠及穩定，讓最後排的聽眾都聽得清楚。使用麥克風時，要控制在最佳音量上，不要太大聲。

- **音調**：音調要有感情及抑揚頓挫，避免過於誇張、做作，顯得不自然。也不可平淡、呆板，像在讀稿子。音調莫過於低沉，易被誤認沒精神，聽來也不清楚。

（三）用字遣詞

- **流暢度**：用詞要順暢、文雅，儘量「口語化」，讓人一聽就懂。
- **條理性**：詞句要有邏輯性而且重點分明，讓人抓得住內容核心。
- **精簡度**：字詞扼要及切題，避免口頭禪、贅詞；描述不宜冗長，內容及語句不要重複。
- **趣味性**：幽默感可增加舒服的感覺，尤其是聽眾大多為陌生人時。用字要妙語如珠，但避免「華而不實」。
- **容易理解，扣人心弦**：措詞要深入淺出、生活化，善於說故事與笑話。內容要發人深省，避免自我炫耀、貶抑他人、憤世嫉俗、嘲弄、攻擊、強迫等負面字眼。

（四）內容呈現

- **創意**：內容要獨特、不落俗套，使人印象深刻、回味無窮。開場、結尾要特別準備，創造「良好的開始」及「圓滿的結束」。
- **共鳴**：內容具啟發性而非教條式，使聽眾產生共鳴。避免誇大其辭或唱「獨腳戲」，宜增加聽眾參與的機會。
- **實用**：理論與實際兼顧，依聽眾的背景及需要來舉例。
- **互動**：將演講內容設計為問句，與聽眾自然產生互動。
- **正向**：內容具有建設性與激勵作用，避免消極、悲觀或負面情緒的宣洩。

三、快速增強演講能力的途徑

如何知道自己演講的優缺點，以便強化或改進？

- **錄影檢討**：將自己的演講錄影下來，由自己先找出優、缺點，再請家人或好友提供建議，最後由自己判斷與抉擇：應保留哪些優點、去除哪些缺點？
- **專家指導**：透過演說訓練課程或參加相關社團，接受專家或師長的「系統」與「長期」指導，較能有效提升、事半功倍。
- **社會觀察**：聆聽名家講演或透過「演講楷模」的觀摩，例如：老師、父母、同學、學長、電視節目主持人等，可更快速學到演講技巧。
- **參加比賽**：參加演講比賽，看看高手的演說技巧，即使沒有得名或怯場，也不要輕易放棄。這種磨練不僅使自己進步較快，繼續參加，總有一天你也會成為高手。
- **聽眾與同學的建議**：不只需要專家的意見，你也可以講給一般同學聽，他們雖不是演講高手，但其感受反而更真實。如果他們喜歡你的演講，代表你的演講還不錯，這種「評鑑」通常「可靠」，因為聽眾跟你的同學一樣，大部分也非演講高手。

我在課堂上通常會安排學生五分鐘上台演講，但職場或真實人生的說話機會恐怕只有三分鐘，甚至一分鐘。班上演講練習時，許多同學聽到「時間到」的鈴聲，常常還在「開場白」階段，沒有進入重點。所以，學習短時間的表達非常重要。日本明治大學教授齋藤孝發現：「只要覺得電視節目不好看，不要一分鐘我們就會捨棄換台。評斷、捨棄一個人，速度也不遑多讓」（林欣儀譯，2010，頁 9-10），所以他認為，「能夠推銷自己的時間，僅有一分鐘左右」。他培養大學生的溝通力會運用計時器，使學生「徹底重複『一分鐘鍛鍊法』，慢慢就會掌握住時間感，培養出挑選談話重點的品味」（林欣儀譯，2010，頁 35-36）。

第二節　演講稿的撰寫原則：有稿與即席演講

演講分為「有稿」與「即席」兩種，前者可以充分準備、多次演練，後者只能臨時寫下大綱、隨機應變。

學習「有稿演講」之初一定要寫「詳稿」，也就是一字不漏的稿子。中小學生參加演講比賽，常由父母師長代為撰稿，寫出「富麗堂皇」的稿子卻不適合自己，講起來沒有真感情、很空洞。這種錯誤的作法，使大家不喜歡也不擅長撰寫演講稿。同時因記不住稿子、怕忘稿，容易上台怯場。

在「溝通與口語表達訓練」課程，我「強迫」每個大學生都要上台演講，「有稿」部分為三至五分鐘，「即席」部分為二至三分鐘。許多學生因為怕上台而退選，幸好仍有不少學生積極勇敢的求新求變，願「借力使力」以課程的強制力來克服自己的怯場、不知所云、口齒不清。

「詳細」的演講稿，每分鐘約二百至二百五十字。上台前要背熟稿子，不可「讀稿」。但可自備小張「提示卡」，有技巧的看稿。我要求上台演講時需將稿子先交給我，我會「核對」演講時與稿子的吻合程度，即可看出學生寫稿的用心與練習的努力程度。

學生上台後才知道，即使是天才型演說家，若沒有寫稿子而「邊講邊想」，說話的內容會愈來愈貧乏，終至江郎才盡。反之，只要用心、用感情的撰寫講稿，就會感動自己與說服別人。

親自寫演講稿才能讓你「胸有成竹」，上台更有自信；一篇好稿子，才能使人上台時發揮得淋漓盡致。「出口成章」、「頭頭是道」需要充分準備，就像一般寫作要有好題材、字斟句酌，還要獨特、有創意一樣。

演講稿的架構分為開場、主體、結語三者，份量分別是 1：3：1。不能「頭重腳輕」，也不能「尾大不掉」。講稿完成後要不斷修改，一方面是「修辭」，使詞語更精彩、扼要、通順；另一方面則是增刪論點或例證，以吸引聽眾，讓人覺得「值得一聽」。

上台前要熟練講稿，不能帶稿上台，以免變成「讀稿」，無法與聽眾眼神接觸。若怕忘稿或怯場，頂多準備提示稿，有技巧的看一下。

「即席演講」是指臨時上台的公開說話，仍不可空手上台、邊想邊講，還是要擬「大綱稿」，依照演講架構決定開場、主體、結語的重點或實例。因為是臨時準備的稿子，可以將稿子帶上台，但仍不可「讀稿」。

撰寫演講稿的原則如下：

- **口語化**：演講稿不像文章，有讓人思索或想像的空間，所以一定要像說話般通順、流暢，讓人一聽就懂。
- **具體化**：描述得愈具體、愈有圖像，讓人身歷其境愈好，還可準備道具或配合螢幕影像來輔助。
- **獨創性**：如何吸引人、打動人心？這部分的創意與設計，是演講致勝的關鍵。「開頭」就要抓住別人的注意力，「結果」則要讓人震撼及意猶未盡，兩者是創意的展現，要特別加以設計。
- **言之有物**：要言之成理、說服別人，需要充分的準備，才能表現出自信。演講的「主體」要安排足夠的理由或證據，讓聽眾自然被說服。
- **幽默有趣**：聽演講時，大家都希望不沉悶、不受罪，若能展現幽默感，讓人自然發笑，就是一場受歡迎的演講。
- **理論與實例兼顧**：講稿的理論與實例，不僅要因應演講主題，更要考慮聽眾的狀況與需求。所以事前要多了解聽眾，演講才能切題。
- **感動自己**：一個好的演講，是希望能打動別人。若講者自己都無法感動，就不可能強迫聽眾受到感動。
- **措詞簡潔有力、流暢**：公開說話的措詞一定要精簡，因為台下聽眾的多樣化，不是每個人都有耐心聽你細說從前。若輔以名人語錄，演講力道必然更足。

上過「溝通與表達」相關課程的大學生，都能以「平常心」接受上台演講訓練，因為他們知道：

「老師要每個人都上台演講，不僅讓我們練習如何表達自己要說的事，也培養在人群面前說話的勇氣，這些都是將來出社會必須先學會的事。」

第三節　辯論的意義與訓練

學習辯論除了要訓練思考、邏輯、推理、搜證之外，在溝通方面則是為了說服、澄清、解釋、修復，在職場上還可運用於談判、領導、協商、影響。

一、辯論的「四不」

辯論不能訴諸下列四種態度，否則就不公平也不講理：

- 不訴諸群眾：不以人數多寡來決定誰比較有道理。
- 不訴諸暴力：不以肢體暴力或語言暴力脅迫別人。
- 不訴諸情緒：不以情緒化的語言或行動證明自己更有道理。
- 不訴諸權威：不以權威人士、傳統習俗以及某些人的經驗代表真理。

辯論講究的是論點，不能感情用事。要專心聆聽，知道對方說了什麼、反對什麼、不滿意的地方何在，才能有效回應、解釋及尋求共識。辯論雙方不是「對立」而是「合作」關係，不能一味「反對」而要增加「同理心」。

課程上做辯論練習，我都以抽籤或猜拳方式決定正方或反方。剛開始，學生覺得「無法接受」、「做不到」：「我明明支持正方，實在無法扭轉自己的想法與立場！」在課程的「強迫」之下，最終都能說服自己扭轉，進而說服別人改變立場。辯論活動結束後又說：「我本以為自己是正方，經過辯論之後，才知道原來我是反方！」

有趣的是，依照辯論的賽程——左邊為正方、右邊為反方，很可能這場打反方，下一場卻變成正方。萬一辯論的題目相同，就必須提醒自己：「翻滾吧！阿信。」也就是「內在改變」，從原本正方的立場，為了辯論而改為反方，到了下一場，又可能變回正方。學生遭遇一次次的腦力「煎熬」後哇哇大叫：「我好不容易成為反方，又要我轉回正方。老師！我回不去了！」話雖如此，奇妙的是，一上場他們又開始極力為正方辯護，而且說得「頭頭是道」。

我辦過「四校聯合辯論賽」——世新大學、中國文化大學、臺灣科技大學、政治大學，一場場辯論比賽使學生覺得像被剝了一層皮，其實卻是「脫胎換骨」；終於承認：辯題雙方都有道理，需要發揮同理心，才能冷靜討論。

二、辯論的規則

藉由辯論規則使辯士保持風度、尊重對方，不傷害或污衊別人。課堂上我大都使用「新制奧瑞崗比賽規則」，優點是申論後給對方上台質詢的機會。這種「我問你答」、「給你解釋的機會」、「問出你論點中的破綻與矛盾」的方式，類似法庭裡律師或檢察官詢問原告（被告）或證人。

為維護雙方權利及避免惡意攻擊，辯論規則主要如下：

- 比賽進行中，雙方出賽辯士均嚴禁與外界有任何連繫行為。辯士在發言台上發言時，亦不得有來自其他辯友之協助。
- 正、反雙方所提陳的證據或事例必須正確，若他方能證明其為篡改、捏造者，視為違規。
- 當辯士在台上發言時，除提抗議外，雙方辯士均不得有任何干擾他人發言之行為。
- 雙方之言論、行為均不可涉及個人隱私，亦不得做人身攻擊或人格批評。
- 道具一經使用，他方亦得有相同之權利。

辯論比賽中每個人都有機會申論、質詢、答辯，三者任務不同：

- 申論：以維護己方論點及駁斥對方論證為職責，申論時不得對他方做任何質詢，但疑問式句型不在此限。
- 質詢：可提出任何與辯題相關之合理而清晰的問題，但不得利用質詢時間自行做申論。對辯者之回答，不得自行引申含意或做任何結論與批評。未經答辯者承認之言詞，質詢者不得引述以為質詢的依據。質詢的問題非為選擇題時，質詢者可適時要求答辯者停止回答，但不得惡意制止答辯者之回答，或不給答辯機會。

・答辯：須切題回答，不得答非所問或藉故拖延時間，亦不得與隊友磋商或由隊友代答。質詢者未加制止時，答辯者之回答不受限制，但經質詢者制止時，則不得繼續搶答或發言。答辯者回答問題時，不限定於「是」與「否」，但不得否認己方已陳述之言詞或立場。答辯者必須回答問題，但認為問題涉及個人隱私或違反規則時，可以不必回答。對問題有不明確時，可以要求質詢者重述其問題，但不得因此對質詢者提出任何反問或反要求。

一場奧瑞岡式辯論賽，雙方均有三位辯士，再由其中一位擔任結論的角色。結論時僅能就正、反雙方的論證過程加以分析、歸納、整理陳述、反駁圍剿，但不得提出任何新論點或新論證。

一般人不習慣或不喜歡辯論，因為看來針鋒相對、咄咄逼人。但我班上的學生則相反，常對不能多一些辯論活動而感到遺憾。如這位同學的感慨：

「對於課程上的安排，我覺得還是有一點缺憾。辯論的部分，我本以為能夠整組每個人都有機會上場。一開始我感到非常緊張，得知我不用上台後鬆了一口氣。但在實際辯論時，我卻覺得非常惋惜，為何當初沒有爭取上台的機會？從小我就很喜歡與人辯論，對於運用邏輯、有條理的講贏對方，覺得非常有趣。一時怯場而錯失機會，希望日後辯論能舉辦到決賽，讓大家有更多的參與。」

溝通的細節與小撇步

仔細觀察演講與辯論高手有何特質或特別努力之處？去訪問他們，了解他們的心路歷程及實際的收穫，以及這給你哪些啟發？

補充教材與課後自學

<table>
<tr><td colspan="2">電影片名：辯護人</td><td>主要演員：宋康昊、金英愛、任時完</td></tr>
<tr><td colspan="2">發行時間：2013 年</td><td>發行地：韓國</td></tr>
<tr><td colspan="3">探討主題：辯論能力、伸張正義、助人的勇氣</td></tr>
<tr><td>內容簡介</td><td colspan="2">本片以 1980 年代發生於韓國釜山的釜林事件為背景，講述學歷不高的稅務律師因一場突如其來的案件，人生因而重大改變的故事。
1980 年代初期，韓國處於全斗煥軍事獨裁政權初期，全國學生發起要求民主自由的遊行示威活動。主角宋佑碩（宋康昊飾）是一名只有高中學歷、沒錢也沒背景的律師，為了累積財富而從事不動產登記，隨著其他律師也來搶做不動產登記，他又改行當起稅務律師。
宋佑碩經常光顧一家小飯館，受到老闆娘順愛（金英愛飾）的照顧與鼓勵。有一天，順愛的兒子鎮宇（任時完飾）突然失蹤，原來鎮宇與其他同學組成讀書會，被當成赤色分子而受到嚴刑拷打，並被迫寫下了認罪書。受順愛的請託和良知的驅動，宋佑碩決定在法庭上為鎮宇等人辯護……。
影片結尾，釜山九十九名律師聯名為宋佑碩辯護的場景讓人記憶深刻。這種突破集權意志，在大多數人選擇沉默時站出來，很有鼓舞人心的效果。</td></tr>
<tr><td>值得一看</td><td colspan="2">1. 本片在韓國上映後，連續二十九天占據票房榜首。本片以盧武鉉為原型，當時釜山的二十二名學生因所謂「左傾學習」被捕，盧武鉉進入辯護律師團，從此他一直都是學生維權運動的積極支持者。學生與韓國員警對峙，在催淚彈的硝煙中，盧武鉉依然堅守。本片上映不久，釜山地方法院對「釜林事件」進行二審宣判，判決五名被告人無罪，距一審判決已隔三十三年。
2. 宋康昊的演技以及法庭上的精采攻防，都緊緊扣人心弦。本片獲韓國 2014 年第五屆年度電影獎男主角獎及多項電影獎男主角獎。</td></tr>
<tr><td>思考討論</td><td colspan="2">1. 在權威或威權壓迫之下，你敢說出真話嗎？而且是幫別人說話。
2. 法庭上的「辯才」是如何培養出來的？一般人也可以變得如此嗎？</td></tr>
</table>

<table>
<tr><td colspan="2">電影片名：再見了，拉札老師（Monsieur Lazhar）</td><td>主要演員：蒙漢費拉、蘇菲奈裡斯</td></tr>
<tr><td colspan="2">發行時間：2013 年</td><td>發行地：加拿大</td></tr>
<tr><td colspan="3">探討主題：公開說話能力、辯論與說服能力</td></tr>
<tr><td>內容簡介</td><td colspan="2">來自阿爾及利亞的移民拉札先生，應徵魁北克一所小學的代課老師。他的前任老師馬汀在教室上吊自殺身亡，學校為了安撫學生的創傷，除了重新整修教室，更聘請心理醫師對學生進行團體治療。
拉札老師起初面對胸中布滿陰影的學生時，也感到棘手，但他以細心的教學和一視同仁的態度，逐漸打開學生的心靈。
其實拉札老師自己也有不為人知的秘密，原來他在阿爾及利亞的妻子因政治因素而被縱火燒死，所以他逃到國外尋求政治庇護。在他傾其所有關懷學生的同時，也為自己的人生找到了出口。
最後，拉札老師的身分被識破，原來他根本不具備教師資格。校長要他立刻離開，但他堅持要把今天的課上完，並以自己的方式向學生說再見。他不想犯前任老師的錯誤，表面上大家保留了前任老師像個天使一樣存在的記憶，但事實上老師用自殺的方式突然離開，是對學生最大的暴力與傷害。</td></tr>
<tr><td>值得一看</td><td colspan="2">1. 本片獲 2012 年加拿大金尼獎最佳影片、導演、男主角等六項大獎，並代表加拿大角逐奧斯卡最佳外語片。
2. 探討諸如兒童心靈、死亡、移民、教育體制等敏感話題，加上小朋友純潔真實的演出，十分憾動人心。</td></tr>
<tr><td>思考討論</td><td colspan="2">1. 為什麼馬汀老師要選擇在教室自殺？他真的是故意要嚇某些學生嗎？這個事件對學生有何重大影響？
2. 你對拉札老師的教育方式有何感想？哪些地方你很欣賞？</td></tr>
</table>

<table>
<tr><td colspan="2">漫畫作品：流浪神差</td><td>作者：安達渡嘉</td></tr>
<tr><td colspan="2">發行時間：2011 年</td><td>出版社：講談社（日）／東立出版社（台）</td></tr>
<tr><td colspan="3">探討主題：演講、辯論與說服能力</td></tr>
<tr><td>內容簡介</td><td colspan="2">沒有神社供奉、缺少香火的落魄神明夜斗，是八百萬眾神之一（八百萬神不是名字也不是實數，而是形容數不盡的眾神），外表是個總自稱為神的運動服男子。由於身為武神，他的能力僅限於「斬殺」與「人類辦得到的事情」。因居無定所、無所事事、三餐不定，導致手下的神器紛紛跳槽。懷抱「受萬民景仰」這個偉大理想，他只好隻身在此岸與彼岸間徘徊，為五塊錢的香油錢（五斗米）折腰，接受上至斬妖除魔，下至修東修西的各類委託。
跟七福神、北野天滿宮等生來受景仰的神明不同，夜斗必須幫自己打知名度。受他幫助而解決困擾的人所供奉的五元香油錢，就是夜斗得到信徒的象徵。因此夜斗總是主動為人類服務，在各種地方留下電話，成為專業的派遣神明。為了存錢建神社，夜斗用言語及行動來傳教。如失業的大叔、對學校喪失信心的青少年、煩惱的上班族等，夜斗都積極開導並解決他們的問題。在第一位固定信徒、高中女生壹岐日向及神器雪音的幫助下，夜斗在全日本奔走。</td></tr>
<tr><td>值得一看</td><td colspan="2">1. 你遇到的是神明還是神棍？神棍用花言巧語騙你掏錢，但實際商品和服務根本沒有效果。神明則是提供有依據、有益的教義，默默幫助你。日本是個神道教發達的國度，人們習於到神社詢問生活上的各種事情，並相信萬物皆有神靈依存。因此本作品中實體化的神明們，就是人們信仰的象徵。夜斗有時向輔導老師一樣傾聽並撫慰委託人的煩惱，有時也會用強烈的言語促使當事人自我突破。也因為神長期駐留在人世，才能了解如此多屬於人類的煩惱與其解決方法。因此要使人相信自己的言語，不能是毫無道理或依據；想讓人接受你的想法，就要使其有內容。本作品中夜斗用一枚枚五元當成建神社的資金，正代表聚集眾人信仰的不容易。
2. 神明也會被人類欺騙，諷刺的是身為神明的夜斗，也常為花言巧語所欺而買下根本沒用的開運商品。可見在自己的信念動搖時，別人的言語就容易伺機而入。還好有日向跟雪音的制止，夜斗才不致於被騙得更多。因此在神明與神棍的辯駁中，要相信自己的能力、自己蒐集的資料，以及自己的團隊，才能不斷堅定立場並反駁對方。</td></tr>
<tr><td>思考討論</td><td colspan="2">1. 你常被他人的言語辯倒嗎？是因口才不夠好還是資料與經驗不夠多？
2. 如何用堅定的態度陳述自己的想法？如何使自己的演講內容對他人有益呢？</td></tr>
</table>

Chapter 5

同儕關係與人脈經營

聽聽大學生的心裡話

我的人緣一向不太好，很羨慕同學能在群體面前侃侃而談，身邊總圍繞著一群可以談天說地的朋友，真不知道他們怎能如此大方、受人歡迎？

但是，「比上不足，比下有餘」，我還不算最糟，至少分組的時候，同系或同班同學還會拉我進入同一組，不像有些人總是落單。

奇怪的是，某些「落單」、沒有分到組別的人卻似乎不以為意，看起來不焦慮也不難過。最後這些人常被老師安排「送做堆」，但因沒有團隊精神或凝聚力，最後的成績通常不太好。組員之間因不熟悉或很被動，甚至發生過期末小組報告時「開天窗」的慘劇。

淑俐老師開玩笑的說，這種組別應該命名為「我不要滅組」，後來老師更正說，應該叫「後來居上」或「大器晚成」！

到現在我還弄不清「人脈」的意思，是死黨或是「有利用價值」的人？我不喜歡攀龍附鳳或巴結別人，也不喜歡跟一群人吃吃喝喝，要人脈做什麼？父母卻一再說：「在家靠父母，出外靠朋友」或「三人行必有我師」。

我也希望多些朋友，但我的交友圈很小，朋友的個性與嗜好都跟我差不多。這樣到底好不好？好的部分是相處起來舒服、沒壓力，不好的部分則是朋友愈來愈少，有心事或困難時找不到恰當的人傾訴與商量。

好朋友在心理學的意義是「社會支持系統」或「社會資源」，許多人常陷於困境甚至絕境，不見得因為問題有多嚴重，往往是由於沒什麼朋友或不知上哪裡找到可以幫忙的朋友，於是拖延成大問題。

如果朋友很少，看到別人參加聚會或活動、自己孤單一人，心裡一定很難受！雖然自我安慰：獨處也不錯，反正自己原本就不喜歡跟一大群人在一起。可是，總不能一直孤單或被動等人家來約吧？是否也該主動加入人群或邀請朋友一起從事某些活動？

第一節 人脈的範圍與重要

大學階段的朋友跟之前有何不同？中小學時期我們依照地緣（如：住附近）、嗜好（如：同一個球隊）聚集在一起，到了大學若還是這個標準，朋友就只剩下室友、同班或同社團的人，當他們忙別的事就容易忽略你。所以一定要拓展人際關係，藉由選課尤其通識課程、學程、輔系、跨校選修等，認識外系、外校甚至外籍同學。還要多投入社團活動、志工、打工等接觸社會人士，如：畢業的學長姐、企業成功人士、知名人士等。

大學課程幾乎都在不同教室，身邊常是不同同學，下課時大家各忙各的。唯有參與社團、學會、志工機構，經由共同籌辦活動，能建立較深情感。大學的朋友異質性很高，各種個性、才華的人都有；所以要好好把握大學時光，建立與累積人脈。

為什麼要累積人脈？

政治大學校園記者　簡嘉貞

好多同學都說，大學最大的收穫是交到好朋友、累積人脈。

「人脈」對個人有何意義？某同學說：「因為總有自己做不到或不會做的事，有人脈，事情會簡單得多！」認識的朋友愈多，代表有需要的時候，愈容易找到人幫忙。

另一位同學告訴我，人脈「可以讓自己的生活更有趣」！的確，獨樂樂不如眾樂樂。不過，累積人脈的好處，大家提到的都與「利己」有關，如：學業上可以合組讀書會、分擔作業。我再問：「除了利己呢？」他們說，為了公益活動的募款也需要人脈。不過仔細想想，雖然獲利的不是自己，仍是靠人脈完成自己的目標。

我在大學參加不少活動、結交不少好友，但從來沒有感受到人脈的魔力。認真琢磨才發現，就算有人脈，也要敢開口，人脈才是「活的」！有個同學很敢向朋友尋求幫忙，總能得到最多資源而付出最少勞力！

真有事求人，有人脈還不夠，重點是夠「給力」！不可否認的，大家總想「攀龍附鳳」，認識有名氣或權勢的人，可用的資源也較多！若有個法官朋友，突然有訴訟案件真的很有幫助。可是，帶著目的結交朋友，可能流於形式、不夠真心。交朋友的重點應該在於態度，只要以誠待人，人脈就不需要刻意經營！

大學階段認識新朋友不是難事，除了系上活動，還可參與全校性活動的規劃及舉辦，例如：新生營或是畢業生工作委員會，就可認識外系同學。我曾到美國打工旅遊以及到中國大陸的公司實習，因而有機會認識世界各國的學生。

大學生要善用校內外資源，為人生留下不一樣的足跡；認識患難與共的朋友，培養跨領域的知能及國際觀。

一、及早培養人脈

2013 年 6 月，王品集團董事長戴勝益應邀到中興大學的畢業典禮致詞，他說：「月收入低於五萬元，千萬別儲蓄。如果錢不夠，可以寫信或打電話跟爸媽要兩萬塊」（鄭敏玲、朱俊彥，2013）。此話一出，引起社會一陣譁然。

戴勝益的本意是：年輕人別急著儲蓄，應把錢先拿來拓展人脈、參加社交活動，如：與朋友看電影、喝咖啡或一起出去玩，否則自己的人緣就只剩下桌子及電腦。

這個說法戴勝益早在 2011 年即已提出，當時的標準是六萬元。而今戴勝益改為五萬元，聽到社會不贊同的聲音，又下修為四萬元。但不論賺多少錢，戴勝益還是鼓勵年輕人拿錢來好好經營人脈，這是利潤很高的「自我投資」。他認為「人緣第一」，即便很有能力，大家不願意配合你，「你就死了」。

為什麼戴勝益那麼注重人緣（洪懿妍，2012）？在他最困難、負債高達 1.6 億時，曾有 66 個朋友信任他、借錢給他，幫他度過難關，他才有機會重新開創成功的局面。這 66 位貴人是他平日努力經營人脈的成果，戴勝益將他們視為一輩子的恩人。這份名單一直放在他辦公桌後面的小櫃子裡，提醒他「莫忘恩情」。

無障礙科技發展協會秘書長楊聖弘是位盲人，2011 年獲得第十五屆身心障礙楷模金鷹獎。很多人好奇他總能遇到貴人，於是他寫了一篇文章〈貴人是這樣創造出來的〉（楊聖弘，2013），來回應大家的好奇心。他說，十幾年前有一天，他搭乘計程車到某地：

> 「司機對著我不客氣地怒罵，責怪我上車時，沒告訴他我是個盲人，……如果早知道我看不到，需要幫忙找路，他根本不會讓我上車，因為幫我找路，會擔誤他的時間，可能因此影響了賺錢的機會。」

楊聖弘被罵時心想，如果和司機怒目相對，可能會立刻被棄置路邊。在搞不清楚自己身在何種的狀況下，恐怕要花好幾倍的時間來找路。於是，他深吸了一口氣，微笑著說：「不好意思，我相信我為你帶來了不小的困擾，可是，如果沒有你的幫忙，我下車就真的要『走投無路』了。」

這樣的說法讓司機的情緒緩和下來，司機再次確認那個「落落長」的地址後，變成了幫楊盛弘找路的貴人。

因為那次經驗，楊盛弘學會了放下「別人本來就該如何對我」的期待，也因為「放下」，更能發自內心感謝協助他的人。楊勝弘建議，不要吝惜給予身邊每一個曾經服務或協助你的人一個微笑、一個感謝與肯定。這樣，身邊一定充滿願意幫助你的貴人。

二、向身旁的貴人學習

對於在外讀書、住宿的大學生，朋友更是不可或缺，可以一起討論作業、報告、辦活動，課餘時也能相約出去玩。透過「社會學習」的方式，觀察與模仿各類型朋友的優、缺點，以及對自己的啟發，然後，「見賢思齊，見不賢而內自省」，使自己的人際互動技巧快速成長，例如：

A 講話很直、不加修飾，欣賞他的人覺得他率真，無法接受他的人常被他的話刺傷。其實他沒有惡意，只是不太考慮別人的心情。雖然為了別人好，但說話不委婉，總讓人有被冒犯、受侮辱的感覺，也容易與人發生磨擦。從 A 身上可以體會說話態度與技巧的重要，要說服別人之前，得先想想如何讓對方接受，不然就會產生反效果。

B 活潑大方，卻不是可以吐露心事的對象。當你心情低落、想和他聊聊，他往往簡單安慰幾句，就迅速轉變話題，讓人有喉嚨梗住的感覺，對於壞心情無異雪上加霜。從 B 身上可以學到，當別人對我傾吐心事，要特別注意自己的舉止是否不耐煩或不專心。要盡可能同理別人的悲傷與鬱悶，畢竟他是那麼的信任你。

C 對人很溫暖，像個小太陽；他善於體察別人的心情，能適時給予安慰與鼓勵。當別人遭遇困境和挫折，C 總會不厭其煩的安撫與鼓勵他。C 具有正面積極的力量，能讓失去信心的人站起來，使原本無助、絕望的人重燃希望。從 C 身上可以了解「良言一句三冬暖」的智慧，我們應該模仿他如何對人說「金玉良言」。

D 不僅組織能力好、邏輯性強，做事也相當有魄力。最令人敬佩的是，D 被讚美時仍能保持謙虛，不在掌聲中迷失自己。謙虛說起來容易，做起來卻相當困難，受到別人的肯定和讚美，必定感到開心及有成就感；這種情緒若過於顯露，一味沉浸在榮耀之中而不求進步，就會變成驕傲甚至墮落。D 如此優秀卻能持續學習，難怪是人人心目中的好榜樣。

E 的人際關係經營得十分出色，首要原因是「貼心」。E 總能留心小細節，讓相處的人都覺得很舒服，例如：親近的友人生日時，親手奉上書寫的賀卡；與朋友唱KTV時，儘管E的歌喉很好，也不會挑些冷門歌曲賣弄才華。他知道每個同學熟悉或拿手的歌曲，主動幫大家點歌；注意到有人被冷落時，會主動找他聊天，還會適時幫他點播歌曲。

F 是個願意付出、不求回報的人，他沉默寡言，在班上總是坐在角落，但參加系上活動卻是最早到場幫忙、結束後還留下來收拾整理的人。有一次，有個同學的電腦遺留在教室，當時已經很晚、外面還下著大雨。在大家都不知道該怎麼辦才好的時候，F 已經跑去教室拿回電腦了。這件事令人印象深刻，多少人肯如此不猶豫、不怕麻煩的為別人付出？

G自認吉他彈得很好，常高調的「教導」大家，製造許多讓自己表演的機會。他不懂謙遜，喜歡昭告天下家裡的財富，聽在經濟狀況不好的同學耳裡很不是滋味。G 在各方面都比較自我中心，只願意從事自己擅長的事，即使有很好的家世背景及外型，擅長多種語言及音樂，但他的人際問題使大家忘卻他的優秀。一提到他，都怨聲載道。

大學生的組成非常多元，應該抱著尊重的角度，欣賞不同的個性與文化（包括新移民、原住民、大陸學生、僑生、外籍生），不要嘲弄同學的腔調或對別人的文化傳統大驚小怪。唯有拋開成見，才能去除隔閡、真正交到朋友。

第二節 人脈的經營

人脈或人緣如何經營？戴勝益認為必須「凡事盡心」。有人請你幫忙，千萬別說「我不會」、「我不懂」、「我沒空」，要把「三不化成三要」；即使不會、不懂、沒空，仍可求助、詢問別人，或在其他時間幫他的忙。

戴勝益說：「人家搭了一座橋過來，要跟你互動，你卻把橋拆掉，不是很笨嗎？」他覺得建立人脈不難，只要一天幫助 1 個人，一年就幫了 365 人，十年就能累積 3,650 人。「人緣好」是因為別人接收過你的善意與付出，所以願意回報。

人脈的力量如同「有形的翅膀」（張韶涵演唱，吳青峰作詞、作曲），這首歌是這樣唱的：

你的力量卻是我身上真實的飛翔，
帶著我抵擋曾受過的傷，

每一個孤單的晚上。

我們是彼此有形的翅膀，學著更堅強。

黑川康正在《人脈兵法》一書中對人脈下了定義：「對於執行個人目的達成有幫助的人際關係」（陳其美譯，1999，頁23），人脈的建立則指「要建立當你受到困擾、遭遇困難，或者是想做某件事時，只要去接觸他們，就會獲得幫助的意思」（陳其美譯，1999，頁 24）。但是，想要得到別人幫助，自己就應先付出。在各種場合認識新朋友，要想到的是「說不定我有機會幫忙這個人」（陳其美譯，1999，頁 45）。建立人脈最重要的就是創造及增強自己幫助別人的「能量」，即使失敗的經驗或自己正處於困境，也要把它轉為正面，讓別人可以從中得到啟發。

一、大學生如何經營人脈？

大學生的人脈及經營方法如下：

（一）珍惜師生情緣

除了本系教授，其他選修科目、輔系、雙學位等還有許多老師，包含：外籍老師、業界教師等。上課時多多發問，下課後以 E-mail 或到老師的研究室請教。若能爭取擔任課程小老師或教學助理，就能與老師有更多接觸。

老師的學識、身教、關心、開導，都能幫你解惑、啟發你的潛能與視野。最好在畢業後還與老師保持聯繫，或到老師家中拜訪；這部分研究生比較有機會，一方面由於與指導教授的關係較親近，更因為成熟度提高，能感念老師的付出、珍惜師生情緣，盼望終身向老師學習。

（二）向同學及學長姐請教

大學的同學與學長姐不僅是情感的支持，還有見賢思齊、志同道合、相互切礎、經驗或能力傳承等功能。將來還可能共同創業，或在事業上相互提醒與提攜。

在學期間若能保持謙虛、好學的態度，課後多向學長姐、同學請教，甚至共組讀書會，必能更有效達成考證照、升學或就業的目標。

就業後遇到許多難題，向大學時代的學長姐及同學請教最為合適。因為有相當的情誼，較容易說真話，他們較願意給予真心及中肯的建議。

（三）在社團（或系學會）當中找尋同好

社團因志同道合或共同嗜好而結合，凝聚力強，友情也更持久。這類人脈還包括外系、外校的老師和同學以及專業領域的名人，更有助於增進人脈的廣度與深度。

最好擔任社團（或系學會）的重要幹部，經由社員或同好之間的薰陶，日後在就業的成熟度及競爭力上會比別人更強。經由辦活動與社員經常接觸，尤其是大型活動或校外營隊，更可多了解對方、建立深厚的情感。

個性害羞的人更要多參加社團，藉著外在力量改變自己。如某個同學說：

「我是個害羞、不多話的人，希望能改變自己，不要只會讀書，不會人際互動或領導。加入社團後，一開始不知道要和別人說什麼，只說幾句話都很尷尬。看到社團的學長姐都很熱情，常和我們聊天，覺得他們好厲害。想學習他們充滿話題，和許多人一直交談。」

（四）多參加校內外比賽或聽演講等各類活動

大學時期要盡己之力、把握機會，多參加各種比賽、多聽各類專題演講、出國打工遊學、成為交換學生，可認識更多的老師、專家、比賽選手、國際友人、傑出校友，快速提升自己的歷練與功力。

這類機會在大學很多，卻容易被忽略。除了成為交換學生需要校方審核、機會較少之外，其他都可由自己決定，千萬要好好把握。大多數大學生雖知有這些機會，卻因看來得之容易（如「專題演講」），而不覺得有多寶貴，或覺得跟自己沒有關聯（如「參加比賽」），而錯失藉由人脈磨練自己、培養其他專長或嗜好的大好機會。

二、培養經營人脈的好習慣

一般人的人脈觀念薄弱，只擁有少數親密朋友，人際圈狹小且封閉。進大學以前，朋友多為天天見面的同學，無需刻意經營。上了大學以後，很難再有一群「固定」死黨。因為選課不同、教室不同、社團不同、住宿方式不同，太多的差異把同學愈分愈散。

再加上年輕，常把精神放在自認為更有價值的目標上，因而不太在乎人際交往。畫地自限的結果，生活步調將變得單一；跟同樣的人做一樣的事，很難獲得不同的資訊或觀點。需要幫手時，缺少某些方面的朋友；遇到有事想找第三人抒發時，找不到適合且信得過的人。

要儘快改變這種惰性，多挪出時間與心力經營人脈，拓展更寬廣的人際圈。培養人脈的有效方法如下：

（一）主動打招呼

有個大學生說，他原本怕生、不敢與人打招呼，直到去韓國當了交換生後才驚覺：自己的膽怯築成了一道阻擋人際溝通的高牆，因此他鼓勵自己：「不要膽怯，問一聲好就夠了。」

他發現韓國人很注重禮貌、倫理，遇到認識的人，不論是長輩、平輩或鄰居，一定會打招呼、聊幾句。學長姐與學弟妹之間也很熟悉、經常聯繫，系上很多活動都是針對全系師生舉辦。

（二）多參加聚會

不僅在學期間要經常參加同系、同班、同社團的活動，畢業後也要儘量參加同學會、系友會、校友會等；職場上的聚會也要多參加，友情才能持續增溫。

打破交友慣性，多跟新朋友互動。聚餐時，一般人習慣找認識的人同桌，覺得比較有話題及安全感，久之即會窄化人際關係。以我來說，目前是多所大學的兼任教授，只要學校邀請的聚餐或學術研討會，我都儘量參加，例如：臺灣科技大學電子系每年都會邀我參加尾牙宴，真是感恩！聚餐時，我會主動介紹自己、多認識新朋友。

（三）寄明信片及賀卡

對於初識的朋友，可用明信片告訴他「我很榮幸認識你」，既簡單又有效。我出國時最喜歡蒐集世界各地的特色明信片，之後寄送給新朋友。年節時，我一定寫賀年卡問候；目前每年寄出約二百張賀年卡，包括三類：師長好友、工作上的社交關係、須關懷與鼓勵的對象，且以「手寫」方式給予深深的祝福。收到別人寄來的卡片（這時代真的很稀有），我一定回寄卡片。

寄明信片及各種卡片雖然較麻煩，卻是維繫人脈最簡易的方法。等你有困難或疑惑時，才會有人幫助你、支持你。

（四）認識新朋友

上大學之後，即使修同一堂課或參加同一個社團，見面的頻率一週也僅一兩次。若不願意花時間、精力維繫人際關係，對於認識新朋友不抱任何期待，人際交往圈會愈來愈小。最後，一起吃飯、週末假日相聚出遊，都侷限在少數熟人身上。

認識新朋友後要持續接觸與深入交談，才可能建立較穩固的關係。但要小心的是，不要「過猶不及」，變得過於依賴朋友，幼稚地想控制他們，必將造成人際決裂。朋友也需要個人空間，應該保持適當距離。

第三節 自我介紹：建立良好印象的必要與訣竅

即使有機會認識新朋友，若不主動與其交往，也不會增加人脈。「自我介紹」就是認識朋友的第一步，「自我介紹」的機會及用途很多，例如：新團體組成時，成員之間相互認識才利於分工合作、達成團體目標。加入新團體時，須向舊成員介紹自己，以便儘快融入團隊。

各種「面試」場合，例如：比賽、入學考試、謀職等，主考官多半會請你先做三至五分鐘的「自我介紹」，以便對你有初步或基本認識，做為後續發問的參考。主考官雖不一定承認經由自我介紹而形成的「印象」，可能影響你是否錄取，但這的確可能。

要吸引別人注意，就得留下好印象。第一印象雖然主觀，卻是最初或最短時間內建立好感的有效途徑。別人對我有好感，才可能包容及接納我；反之，印象不好，我的話就容易被挑毛病。

一、自我介紹的要訣

如何在短時間內讓別人認識我、對我有好感？自我介紹應包括自己的優點、興趣以及個人的獨特之處。介紹的訣竅如下：

（一）姓名一定要「講清楚，說明白」

讓別人確實知道自己名字的寫法，尤其是同音字。獨特的「姓名聯想法」能讓別人更容易記住，例如：諧音、特別的涵義、與其他名人或地名雷同、家人取名的特殊意義與規則。

介紹自己的名字千萬不要「自貶」或以「無所謂」的心態，「自貶」代表貶低為你取名的父母或其他長輩，「無所謂」則表示自我價值感低落。

（二）個人基本資料不可少

個人基本資料如：家庭背景（居住地、父母職業與期望、手足狀況）、學習背景（畢業學校與科系、母校師長的影響）、個性、興趣、專長、生涯規劃等，這些資料可讓別人找到與你的共同點，拉近與你的距離，也可讓人對你產生好奇心，增加談話的話題。

尤其要突顯父母師長對自己的正面影響，表達你由衷的感恩。這是事實，並非做假，只是大多數人習慣把父母師長的「好」視為理所當然，而你則應藉此機會對他們說出心中的感激。

（三）強調個人的長處與獨特之處

要以具體事實證明自己的專長或特色，例如：比賽成績、活動成果、專業證照、特殊經歷等。這部分可附上證明，而非個人主觀認定自己很獨特、很厲害，只會讓人覺得你不實在、自誇、自我陶醉。

（四）搭配相關的趣事或故事

說一些自己發生過的趣事來表現幽默感，或講一個自己曾經歷「笑中帶淚」的故事，在讓人感動之餘並傳達其中的啟發性。藉此也可間接說明自己與別人不同的獨特點，或是因而培養出來的人格特質與能力。

（五）依據自我介紹之目的而增加對方想要知道的訊息

以入學考試或就業面試來說，自我介紹即需要加入自己來應徵的原因、對於面試機構的深入認識、錄取後的自我成長規劃與目標，以及自己為什麼是適合的人才之理由。許多考試一決勝負或拉高分數的關鍵即在於此，這部分非常主觀；基本上是「送分題」，千萬要好好珍惜。

不要以為自我介紹只是平常小事而「掉以輕心」或「漫不經心」，如果自己都不看自己，別人怎能重視你？為了達到更好的效果，自我介紹需要練習，且依不同目的與可運用的時間練習多種自我介紹的版本。

與「有稿演講」練習相同，自我介紹也要寫下「逐字稿」，並且背熟它。練習的方法如同演講比賽，甚至要表現得更精彩、更有感情。

總之，對自己要有信心，多數人傾向自卑、否定自己。但，自卑會讓人過度渴望得到別人的注意，擔心被人看輕，這樣好累！可以改變的是：

- 學著喜歡自己、鼓勵自己，了解自己的優缺點並能自我肯定。
- 多關心別人，為別人付出，擴大自己的視野與格局。
- 每天寫正面日記或能量日記，記錄自己人際關係及各方面的小突破。

溝通的細節與小撇步

仔細觀察「人緣好」的人怎麼與人溝通、互動？去訪問或請教他們，為什麼他們可以做得這麼好？這些答案對你有哪些啟示？

補充教材與課後自學

電影片名：聖誕夜怪譚（A Christmas Carol）		主要演員：金凱瑞、柯林弗斯、蓋瑞歐德曼、羅蘋萊特潘
發行時間：2009 年		發行地：美國
探討主題：同儕關係、分享		
內容簡介	電影改編自英國大文豪狄更斯在 1843 年的作品《小氣財神》，故事主角史古治（金凱瑞配音）是一個孤僻的守財奴，待人十分苛刻。史古治對聖誕節的歡樂氣氛一向冷感，他不明白聖誕節有什麼值得慶祝，尤其是窮人！ 但，今年的聖誕夜卻不如往常，史古治死去的生意夥伴馬立的鬼魂居然找上門來。馬立告訴他，因為自己生前的刻薄與一毛不拔，所以死後的日子非常難過。馬立特地來提醒史古治，將會有三位分別代表過去、現在、未來的聖誕鬼靈到訪，帶領史古治檢視他的一生，給他一次重新做人的機會，希望史古治能好好把握。史古治會因此而改變嗎？	
值得一看	1. 迪士尼將狄更斯的經典名著搬上大銀幕，由電腦直接捕捉演員的動作來拍攝的動畫，在當時是一大創新。 2. 喜劇演員金凱瑞擔任故事主角史古治從小到大的四個不同時期，還同時詮釋三位聖誕鬼靈，一人分飾七角，有非常精彩的聲音演出。	
思考討論	1. 人際疏離或對人苛刻是天生的嗎？你是否因為曾遭遇重大的人際挫敗，在心中留下了永難抹滅的陰影？ 2. 真實的世界裡不會有聖誕精靈來給我們「當頭棒喝」，我們該如何去找到自己的聖誕精靈呢？	

<table>
<tr><td colspan="2">電影片名：就像在天堂（As It Is in Heaven）</td><td>主要演員：麥克恩奎斯特、芙烈達霍爾葛蘭</td></tr>
<tr><td colspan="2">發行時間：2005 年</td><td>發行地：瑞典</td></tr>
<tr><td colspan="3">探討主題：同儕關係與互助</td></tr>
<tr><td>內容簡介</td><td colspan="2">一個畢生尋找天使歌聲的音樂家，一群質樸卻也暗藏衝突的村民，一個雖小卻問題很多的唱詩班，加上一個非常守舊的牧師，會激發出什麼樣的音樂火花？
丹尼爾是一個國際知名的頂尖指揮家，在一次演出時因心臟病發而中斷了他的事業，只好回到童年時居住過的瑞典北方的小村莊休養。他的到來成為眾人矚目的焦點，大家請求他指導教會唱詩班，他只好勉強去幫忙。出乎他的意料，這卻讓他找回失去已久對音樂的喜悅，並與唱詩班的成員成為朋友。
唱詩班的成員因為丹尼爾的影響而逐漸發現自我，但也因此丹尼爾與唱詩班遭到敵視與攻擊。丹尼爾與村民的生活將會有什麼改變呢？</td></tr>
<tr><td>值得一看</td><td colspan="2">1. 本片入圍 2005 年奧斯卡金像獎最佳外語片，入圍瑞典 Guldbagge Awards 最佳影片、最佳導演、最佳男主角、最佳女主角。
2. 本片是音樂慰藉及鼓勵人心的最佳印證，音樂不僅可助人紓解壓力或負面情緒，還能使人振作精神與活出自己。</td></tr>
<tr><td>思考討論</td><td colspan="2">1.「活出自己」是十分重要的事嗎？即使遭遇阻礙甚至毆打，都不能放棄嗎？
2. 一個人的心情與實際生活，要如何從地獄到天堂？或其實本在天堂只是不自知？</td></tr>
</table>

<table>
<tr><td colspan="2">漫畫作品：異人茶跡：淡水 1865</td><td>作　者：張季雅</td></tr>
<tr><td colspan="2">發行時間：2013 年</td><td>出版社：蓋亞文化有限公司</td></tr>
<tr><td colspan="3">探討主題：事業夥伴與人脈經營</td></tr>
<tr><td>內容簡介</td><td colspan="2">在臺灣尚未以烏龍茶著稱之時，清國各大港口停滿了許多帆船。它們滿載貨品乘風而去，回到英國再輸往歐洲，其中最大宗的商品便是茶。1865 年，臺灣的淡水開港數年，洋行紛紛設立、商船不絕於途，是移民的新故鄉、充滿機會的自由之地、冒險者的天堂。
陶德（John Dodd）是一個愛冒險、會跟生番打交道的蘇格蘭商人，李春生是一個精明幹練、由廈門渡海來臺尋找新契機的買辦，兩個性格相異的異鄉人相遇及攜手合作，鎖定花旗國龐大的新興市場，將未來賭注在夢想的新商品——臺灣烏龍茶。在這之前，他們必須先克服的是茶農的不信任、官府的刁難，以及香港洋行茶檢及福州茶商武夷紅茶的挑戰。（以上摘自書封介紹）
因陶德大膽又愛冒險的個性，嚇走許多漢人買辦；直到李春生的出現，陶德才找到願意傾聽他的計畫，而不會一昧潑冷水的人。漢人認為洋人不懂茶，但陶德欣賞中國茶，想將臺灣茶推廣到更大的市場——美國，並且發掘結合紅茶與綠茶優點的臺灣烏龍茶。陶德有其獨到的眼光，並有明確的銷售策略。李春生則將計畫的雛型精細化，匯集臺灣在地的生產者與茶種，將生產線付諸實現。茶商與買辦間的合作關係，創造了延續至今的臺茶風雲史。</td></tr>
<tr><td>值得一看</td><td colspan="2">1.「買辦」是個什麼樣的職業？在本書中他被漢人稱為「番勢」，也就是依靠洋人關係賺錢的人，有瞧不起的意味。但買辦其實是辛苦的工作，他需要連結洋行與當地漢人的關係。協助陶德拓展茶業市場的李春生，就必須負責跟茶農以及其他中國茶行接洽；甚至可說洋行對中國茶業的投資，從原料到生產的人脈都是熟悉當地的漢人買辦打起來的。若沒有這樣的人脈，洋行無法自己摸索出好價錢的好茶葉，因此買辦是一個專門聯繫異國商人，培養在地人脈的重要職業。
2. 洋行與買辦又是怎樣的關係？如果只是單純的雇傭關係，是無法做成好生意的，重點在於合作與同儕意識。本作品中陶德信任他找到的買辦李春生，聽從他的意見改良茶葉，卻也提出向美國拓展烏龍茶市場的遠大計畫。雖然一開始被李春生駁回，但在兩人切磋討論及李春生找好茶園後，使得計畫付諸實現。兩人的夥伴關係，以大膽跟謹慎的態度互補，最終創造臺茶的新可能。</td></tr>
<tr><td>思考討論</td><td colspan="2">1. 如何創造良好的同儕關係，使自己在做事時隨時都有易於合作的夥伴？
2. 如何計畫並培養自己的人脈，使自己的事業更容易進入狀況？</td></tr>
</table>

Chapter 6 團體協調與團隊合作

聽聽大學生的心裡話

真奇怪，某些系或教授特別喜歡「分組」，我個人就很不喜歡；我曾為了一門課「又要分組」而退選。為什麼我對分組的印象那麼差？因為我有過不少生悶氣、吃悶虧的小組互動之「創傷經驗」。

我很疑惑老師為什麼要把一群不熟悉的人湊在一起？明明不團結卻強迫我們「團隊合作」？

先從組員的召集與組長的推選說起。因為凝聚力幾乎是零，大家互不相識卻「莫名其妙」在一組。沒人想當組長，「硬推」出來的人也不管事，因為他清楚表明「我不是組長」。偏偏我很容易跑到這種小組，每次心裡都急得要命：「為何組長還不分配工作？天啊！組長今天又蹺課了！我要不要出來召集大家討論小組作業啊？」

我告訴老師小組合作的困難，好像「打小報告」。我想「期中退選」，老師鼓勵我：先試著了解「現任組長」的狀況，請他出面解決問題。結果那位組長說：「因為個人因素，不會來上課了。」我和其他組員商量，如何解決小組的「共同問題」——完成團體作業。**大家既然在一條船上，想要成績還是得「同舟共濟」。**

原本我不相信老師的話，因為老師根本不知道事情的真相；到頭來一定是回到「原點」，沒人肯出來承擔責任。開學至今，大家都表現得相當冷淡，難道會突然熱絡起來？

出乎我的意料，當我告訴大家組長不會再出現了，請大家於某日開會討論期末報告，組員竟都表示願意配合分工並盡力去做。期末報告那天，我非常感動，沒料到會有這麼好的成果，我甚至覺得我們可以做得更好呢！**我終於不再對團隊合作感到「悲觀」了。**

第一節 團隊合作的困難

大學課程不少需要「分組」，尤其通識、外語或設計類課程。小組討論難免意見不合而爭執，冷靜後才發現任何意見都有優劣，只是一般人為了強調自己正確，難免突顯他人錯誤。若肯客觀或易地而處，便可了解別人和自己並非南轅北轍而是殊途同歸。

大學的團隊合作不像兒童時期玩遊戲那麼單純，總有人不遵守「遊戲規則」。某個學生分享他的團隊體驗：

「這課堂有些活動須分組進行，8人一組，大家都先找好友一組。因為是選修課，還有外系同學；我跟朋友加起來6人，於是我提議邀另外兩個同班同學加入。但朋友說：『他們常蹺課也不交作業，到時小組報告或作業一定又是我們做。』可是，找外系同學討論或寫作業都不方便。所以我跟其他人保證，會好好跟他們溝通，請他們配合小組活動，並由我擔任組長。」

可惜事情不如預期順利，交第一份小組報告前，常蹺課的兩人沒來上課所以未參與討論，只能先分配一些工作給他們，並請他們按時繳交作業。不料（或是早該料到）他們沒交作業，只簡單道歉並說忘了交作業的時間。之後的作業也都挑簡單的做，而不考慮別人的負擔與心情；到了交作業的時候，惡夢也一再重演，除了連絡不到他們，拖到最後才交報告之外，他們的報告也臨時才寫，十分草率。其他組員非常生氣而去找他們理論，兩邊愈吵愈兇，團隊和諧破壞殆盡。

一、當個人目標與團體目標衝突時

團體成員一起完成作業，因每個人有自己的期望值，總覺得別人做得太少、自己做得太多。加上各自有其他事情要忙，總覺得團體作業做到某種程度就夠。

由於大家有空的時間不一樣，討論時間過少，最後很難達到預定的團體目標。若互不了解又不願站在別人的立場設想，合作愉快就不是一件容易的事，所以有學習的必要。

大學生有許多外務，如打工、補習、聚餐、娛樂、約會，要如何兼顧或取捨、才不會以私害公？個人目標與團體目標衝突時，最好先由個人做一點小犧牲，實在不能配合團隊應向大家說明原因並表達歉意。其他組員也要試著以同理心體諒他，雙方務必理性溝通。

「小團體」現象不論在校園或社會都屢見不鮮，由於跟習慣的人相處比較輕鬆，容易形成「人際舒適圈」。但是，我們還是有機會與不熟悉的人合作，甚至剛認識就被分派同一任務。既然是一個團隊，就不能只顧自己；如果任性逃避或拒絕與人合作，個人及團隊都會受到損傷。反之，若能掌握得宜，就可結交新人脈、接觸新思維，學會新穎、巧妙的做事方法，對個人及團體的成長都是很好的轉捩點。

但是在我國以考試為主的教育生態下，成績往往是個人努力的成果，很少展現集體智力。然而個人再怎麼聰明仍有疏漏的時候，若有人協助檢查或提供不同的看法，思慮會更周延，分工合作也可事半功倍。如下面這位學生的經驗：

> 「我是需要苦讀才能取得好成績的類型，所以跟同儕的互動較少。到了職場，好勝的個性依然存在，『專案執行』常依個人方式進行，對別人的建議難以採納。如今回想，當年我依照個人方式苦讀，只能維持在前十名；如果多向其他同學請教，有更高效的讀書方法，或許成績可以往上提升。過於好勝、輸不起、過於自負等個性與工作方式，會造成個人及團隊的困擾。」

大學階段要多參與社團或系學會的活動，尤其要爭取成為幹部，才能增進溝通態度與能力。比其他較少參加的同學，氣度與見解會有「顯著」不同。這就是為什麼應徵工作時，面試的主考官會問你有沒有參加社團、擔任什麼幹部、有何啟發或收穫。有些父母、師長誤以為參加社團大多為了玩樂，但企業主或大學時代擔任過社團負責人的師長，就能深切體會參加社團活動的必要與成長，尤其在團隊合作與溝通協調方面。

二、克服團隊合作的困難

職場充滿各種有形、無形的團隊合作機會，在大學階段就要先行準備，屆時才能有效克服「團隊合作的困難」，減少不必要的紛爭與時間心力的耗費。以下有幾種建議：

（一）不想跟某些人在一組時

我們不可能也不應該只跟自己喜歡或熟悉的人相處與共事，否則遇到不喜歡或不熟悉的人就容易「水土不服」、溝通不良。

大學的班級或社團如同職場，其中的人際關係大都「不可選擇」。但同系或同社團仍有許多接觸或合作的機會，即使不熟悉也要共同行動。若能藉此成為好朋友，就可以拓展人脈；認識與自己不同類型的人，也可以自我突破，增進同理心及腦力激盪。團隊是由各種人才所組成，「人盡其才」更能發光發熱。

（二）有些人遲到或拖延工作時

小組開會或約定的工作期限常有人遲到、遲交，以致影響大家的心情與工作進度。令人難以接受的是，有些人遲到超過一小時卻毫不在意浪費了別人寶貴的時間；有些人遲到的原因竟然是肚子餓，要吃飽了才來。這種自私自利而且毫無悔意的人，讓人氣得不想跟他同一組。遲交作業、進度落後、慢半拍都會「拖累」或「拖延」團隊，使大家焦慮、氣憤不已。

對於這些行為除了訂定團體規範來約束外，也要練習情緒「表達」而非「宣洩」，勇敢但冷靜的向對方說：「你遲到了，你遲交了。」不要壓抑情緒或累積怒氣，反而造成雙輸的局面。

（三）有些人專挑簡單的工作時

工作分配若勞逸不均，不僅加重別人的負擔，也會造成不公平、不服氣而影響團體和諧。人際相處的準則之一——公平——非常重要，除了組長或領導者要公平分配工作，任何人發現不公平即使是在別人身上，也要表達出來，促使問題及早解決。

不少人到了學期末，只想到自己的考試及作業來不及了，而對團體事務相當消極甚至故意逃避。組員較多時他們就想：「反正還有很多人可以做事！」甚至還要其他人幫他做事。這種情況下就容易擔誤團體工作，並發生爭執。

（四）遇到不合作的組員時

有些人不僅不配合團體還要團體遷就他，即使組長出面調解仍堅持己見，如：某位同學的個人事務與團體作業重疊，卻要大家配合他將作業提前完成，忽略時間壓縮加重大家的負荷。

團體作業的目的之一是學習與人溝通協調，若個人妨礙到團隊時，應該站在團隊的角度設想，與大家商量或請求團體成員的協助與諒解，而非有我無人、唯我獨尊，要團體為他一人而改變。若不制止這種自私行為，就如「破窗效應」，日後恐發生更大的違規事件，其他成員也會「有樣學樣」。

（五）組員之間發生衝突時

組員不和甚至分成「兩派」，除了影響團隊工作的進度與成效，也會讓其他成員困擾，猶豫著該不該「選邊站」？更困難但也更重要的是怎麼讓兩邊「盡釋前嫌」、繼續一起工作？

工作團隊可以像朋友甚至家人，但不等於一定能夠如此，這也不是完成工作的必要條件。還是要「公私分明」，不因個人好惡而「以私害公」。說來容易，大多數人仍「當局者迷」，認為「我是人非」。除非能保持一段距離看待人際衝突，否則很難看到事情的全貌或真相。

（六）組員態度消極、被動、冷漠時

組員的工作熱忱不足，若不督促即沒有進度，例如：組長在臉書社團上發文，大多數組員並不回應，只剩組長或少數人提出想法。工作分配後，不少組員不按時傳送檔案，得要組長一直催收。這些消極、被動、冷漠的態度，讓組長及熱心的組員痛苦不堪。最後，若肯做事的人也隨之冷淡或灰心，就會全軍覆沒。

所以，組長或熱心的組員千萬不要放棄，要更樂觀的激勵自己及其他組員，使事情朝向光明面發展。萬一組長也消沉、逃避，有心的組員就要站出來，激勵與領導大家完成工作。這總好過只是等待別人拯救，或一味擔心前途堪憂。

第二節　如何增加團體凝聚力

現代大學生的成長環境與父母、師長的時代大不相同，從前重紀律與群體，而今崇尚自由與個人。但自由與紀律、個人與群體並不相違背或互斥，需要兼顧且可相輔相成。沒有紀律的「自由」是不負責任，會侵犯別人；不顧群體的「個人」是自私自利，會犧牲別人。

一、如何融入團隊？

大學階段是邁向負責任之成年人的「最後一哩路」，不能再「只要是我喜歡，有什麼不可以」。要融入團體，就須放棄某些個人自由，包括以下幾點：

（一）遵守團體規範

為何要有團隊規範？團隊若沒有明文的章程以及尊重、協商、服從等「潛規則」，恣意妄為的結果即會拖垮團隊，使團體無法運行。有些大學生的自制力及責任感不足，需要團體動力或壓力來協助，讓他學習體會及顧慮別人的感受。

以上課來說，團體規範可稱為「上課的職業道德」，包括：不遲到、不缺席、不進食、不睡覺、不滑手機、不分心做其他事、團隊合作及服從小組長領導、遵守作業繳交規則等。

建立上課規範就如《菜根譚》一書所說：「威宜自嚴而寬，自寬而嚴，人怨其酷。」開始時應以嚴格的規範讓同學「收心」（立威）（或是「死心」——放棄選課），並詳細說明規範之用意與合理性；交由他們自主抉擇，是要自我挑戰、接受老師的「協助」而學會自我管理，或自我妥協、繼續待在無人管理的「舒適區」？

（二）成為一位好組員

我的課程多半依學習目標而分配小組，如：時間管理、體重管理、效率管理等，大學生除了慎重選擇小組之外，也要慎選小組成員並注意自己的責任。團體目標及個人目標必須兼顧，有時還需要「犧牲小我，成全大我」；也就是先協助團體任務的達成，再考慮個人需求。

不負責任的組員則以自己優先，當個人事務與團體工作衝突，會逃避屬於團體的部分。這不僅加重其他組員的負擔、影響工作士氣，也可能對某些組員造成負面影響，破壞整個團體工作的進行。

（三）關心及鼓勵組員

上課時我會將各組的座位固定，讓組員有歸屬感。再藉著每週的小組討論活動、小組作業，加強小組成員的互動與情感，使彼此更熟悉並能相互激勵與關懷。小組的向心力足夠，學生就不會有蹺課心理，工作成就感與團體凝聚力之間即可呈現良性循環。

不少團體成員抱怨或擔心別人的冷漠影響團體進度，其實自己也沒有積極作為，並未多關心其他組員或設法增加團體凝聚力。如此一來只會惡性循環，使團體的氣氛更加冷淡。所以，追求團體成效不能只以「任務取向」而缺乏「人際取向」——情感的經營，組員間要多互動、交談，才有利於彼此合作。

二、如何協助有困難的組員？

無可避免的，團體中有少數不負責任或是所謂的「問題成員」；此時先要自我激勵成為更好的組員，並訂定「停損點」避免問題繼續擴散，每個團體成員都有責任共同輔導及協助有問題的組員。

以大學來說，「有困難」的學生是指不能安心學習者，他們有未解決的「重大」問題，如：感情問題（單戀、失戀、溝通不良）、家庭問題（父母失和、失業或生病）、親子溝通與手足相處問題，其他還有：經濟壓力、課業壓力、身心疾病、人際衝突等。組員間表達高度的關懷，使他們肯說出困難，大家才能及早幫助他們解決問題，讓他們恢復「正常」。

不論社團或課業上的分組，組成團體後就應儘量認識你的組員，以免後來發現他們的種種問題卻「為時已晚」，包括：社長或組長不能負起領導之責或領導有問題；有些成員缺席或蹺課太多，以致於對團體的事務參與太少。更糟的是，有些成員自己不認真，還會破壞團體的人際關係，例如：情緒化的謾罵或與其他成員衝突，甚至有人身攻擊的行為。

遇到這種情形，除了期望老師注意到之外，更積極的作法是儘早想出解決問題的策略，必要時向老師求助。千萬不要拖延或無視，輕則影響課業成績，嚴重時會損及身心健康甚至人身安全。

第三節　團體協調的方法

團體要達成目標不僅靠「人才」，也要靠「人情」。否則即使有能力的人，也不肯為團體盡心盡力。團體成員的意見及行動難免不一致，這時不能只靠冷冰冰的「就事論事」，還需要「動之以情」。團隊的溝通協調並非全都依靠會議決定或領袖權威，更多的是非正式的情感交流或整體的互惠式交換行動。組員間平時若無培養相當的交情與默契，關鍵時刻就不好商量。因此團隊合作的基礎應包括對團體的情感，具體來說，團體應辦理有形、無形的聯誼活動，以協助團體成員建立深厚的情誼。

今年冬天，不見天日

政治大學校園記者　簡嘉貞

今年冬天不好過，雨聲和風聲成為年度代表的協奏曲。我常抬頭看窗外灰濛濛的天空，希望下一刻突然轉晴，但這樣的祈求幾乎沒有實現過，只好退而求其次：「拜託，雨下小一點、再小一點……」只要小到足以讓我們順利進行大四畢業團體照，就能讓整個畢委會欣喜不已。

大三下我陰錯陽差被選為班上的畢業生工作委員，雖然我向同學抱怨工作太多，但其實我很喜歡這個組織。在共同討論、舉辦校內大大小小的活動後，我們從一盤散沙漸漸凝聚起來。

協助畢業生籌辦「畢業團體照」本來不難，只要天氣好；無奈我們碰上十年來最大的一盆冷水——連續一個月下雨。除了少數幾個倖免於難的班級外，大都只能乖乖列入延期拍攝的名單。

每一個預定的拍攝日，早上六點就要開始「作戰」！首先觀察天空，只要遠方有一點天光、有一點拍攝的可能，便打電話給廠商、請同學搬出拍攝道具、準備桌椅等。無奈大多時候只需看一看窗外，就可以通知大家安心睡回籠覺了。

當我們三度發出延期通知，許多畢業班開始焦躁不安。因為一再聚集全班同學和系上老師可不容易，在重重壓力下，我們幾個幹部只得召開緊急會議：如果持續下雨，要延後拍攝還是另闢地點？

沒想到這個議題從早上八點討論到晚上六點，仍然想不出解決的辦法！與會共有六人，大部分時間都是互相乾瞪眼，和我預期的效率相差甚遠！

大家會訝異：這麼多人腦力激盪，效率還會如此差？社會心理學的「社會助長理論」說：簡單的任務，他人在場時會提高個體表現；但困難的任務，他人在場時則會削弱個體表現。

我必須承認，不是每次開會我都很「專心」，那些冗長的會議有時讓我出神，心裡想著：「我現在不想思考，哪個人快提出解決方法好不好？」有句諺語：「一人一個腦，做事沒商討。十人十個腦，辦法一大套。」

在大學經歷許多社團與團體活動後，我漸漸發現：一個團體要有良好的運作，還是少不了「個人舞台」！這是指分配工作時應該給予每個人清晰的指示，讓他們知道自己應該做什麼，什麼事可交由夥伴處理。每個人都有明確的工作內容，責任感就油然而生。所以團隊合作一定要仔細分工，雖然稍嫌麻煩，但才會有意想不到的效果！

再者，「規範」對一個團體非常重要；我第一次擔任營隊工作人員時，不懂學長姐為什麼訂下那麼嚴苛的遲到懲罰規則，心裡還暗暗發誓：等我當上幹部，絕不會這樣對待學弟妹。但等我成為幹部後才了解，沒有規範，團體成員就容易怠惰，所以我也和學長姐一樣，搬出一套遲到懲罰規則；果然，隔天就沒有人再排上遲到名單了。

最後，要使團體運作良好，一定少不了凝聚力。所以，動動腦，好好想想如何增加團體成員的情誼與吸引力吧！給你一點小提示：如大家一起完成某事的成功經驗……，其他方法就等你自己去尋找囉！

我的課程喜歡採取分組方式，學期成績一半來自團隊合作，因為我希望大學生體會為什麼要兼顧團隊與個人、為什麼團隊合作的成效比個人好的道理。團隊好，才會帶動個人成功，有位同學能證明：

「我很幸運能夠分到這麼好的一組，組裡還有兩名外系同學。經過幾次一起討論及拍出很棒的影片，整組的氣氛都改變了，大家都很珍惜聚在一起的緣分。一位外系同學還跟我分享了一些他的私事，我們成了可以彼此談心的朋友。

對比起來，其他的小組缺人的缺人、退選的退選，我們能夠到最後一刻還全員到齊、保有向心力，真是不容易。這要感謝A同學願意一肩扛起組長的責任，承受最大的壓力；也因為他的安排與激勵，我們才能撐到最後。」

團隊合作不僅指同班或同年級的同學，在社團、系學會或營隊活動還要與「前輩」——學長姐相處，例如：

「大學生寒暑假會參加梯隊活動，過程中總會產生摩擦，例如：學弟妹提出的方案一直被學長姐退回修改；學弟妹若不高興，學長姐就會覺得學弟妹不服從、不積極，使學弟妹對梯隊的歸屬感下降……。

許多前輩會以自己的經驗牽制晚輩，而且不得提出異議；身為晚輩不服氣時，應該試著溝通，而不是直接走人。即便前輩的要求不合理，仍須小心檢視自己的用詞和語氣，避免雙方都被情緒拉著走，至少不要讓對方的怒氣影響到自己。」

經過溝通或彼此談開才理解，學長姐是希望做到最好，才會這麼嚴格。他們出過很多梯次，經驗豐富，判斷及決定也比較正確。但「下行溝通」時，還是要尊重學弟妹，才能讓他們接受領導與建議。

團隊中有些成員的能力很強，團隊精神卻很弱，該留或捨？

「我接下迎新活動的總召一職，我們的活動長就讀某明星高中時相當有名，有豐富的帶社團經驗。沒想到他非常難以溝通，別人不能說他有一點點的問題。幹部開會時，他總不發表個人意見，等要開始做了，就出來反駁或謾罵。請同學幫忙勸他，效果也不好。最後迎新活動弄得很糟，大家都不愉快。

迎新時他擔任某一個晚會的主持人，聽到一個學弟說：『學長的主持功力大幅退步，沒有以前那麼好了。』原來不聽別人的諫言有多麼可怕，不知道自己有多麼糟糕。迎新辦得不好，首當其衝的是我，必須面臨許多批評，但我還是一一聽了進去，其實心裡並不好受，但為了進步，這是必須承受的。」

不少父母、師長誤以為擔任社團或系學會的幹部，是浪費時間，對於打工也有類似的誤解。父母、師長總認為時間應該用在課業上，這才是學生的本分。然而，「事實勝於雄辯」，你要向父母、師長證明擔任社團幹部或打工後，學業成績及工作能力都有大幅進步，才能更正他們「似是而非」的觀念。

溝通的細節與小撇步

仔細觀察擔任社團的社長、副社長或系學會的會長、重要幹部的同學，他們是否都「勝任愉快」，如果是，是什麼原因？如果不是，又是為了什麼？去訪問或請教他們，找出他們成功或失敗的關鍵點，並從中自問：我是否犯了「五十步笑百步」的類似錯誤？

補充教材與課後自學

<table>
<tr><td colspan="2">電影片名：更好的世界（In a Better World）</td><td>主要演員：麥可佩斯伯蘭特、崔娜蒂虹、尤李基湯姆森</td></tr>
<tr><td colspan="2">發行時間：2011 年</td><td>發行地：丹麥</td></tr>
<tr><td colspan="3">探討主題：人際衝突與協調、家人關係</td></tr>
<tr><td>內容簡介</td><td colspan="2">父親（麥可佩斯伯蘭特飾）是一位在非洲難民營行醫的無國界醫師組織的醫師，他得面臨在複雜的種族殘殺下，不論受害者或加害弱者的暴徒都得救治的天人交戰。回到丹麥的家鄉，又得面對自己的小孩遭受霸凌、欺侮，正與同學聯手打算採取激烈復仇行動的擔憂。這位主張和平的醫生，除了要幫助孩子解決遭受不公平待遇的問題外，自己也面臨離婚邊緣，不知該如何與妻子繼續下去。
另一個小男孩則沉浸在喪母之痛中，又與父親關係疏離，且無法諒解父親不全力救治母親的自私行為，所以不滿的情緒轉移到各種報復行為，包括自殺。
當別人對我們不好時，到底要以暴制暴而加倍奉還，抑或是以柔克剛而原諒對方？怎麼做才能創造「更好的世界」？</td></tr>
<tr><td>值得一看</td><td colspan="2">1. 本片同時獲得金球獎與奧斯卡金像獎兩座最佳外語片（這種紀錄很少見）。
2. 影片一開始，無國界醫師組織在非洲難民營行醫的場景，即非常震撼人心；之後的校園霸凌以及大人間的種種衝突，小孩子的感受與父母的教育方式等，都十分引人深思。</td></tr>
<tr><td>思考討論</td><td colspan="2">1. 你相信以柔克剛嗎？抑或是以暴制暴、加倍奉還？
2. 你能看出有些人表面的叛逆與激烈行為之下，內心是傷痕累累嗎？該如何化解？</td></tr>
</table>

電影片名：開心鬼上身	主要演員：車太炫、姜藝媛、高昌錫、張英男、文秀
發行時間：2010 年	發行地：韓國
探討主題：家人關係、人際衝突與協調	
內容簡介	相滿（車太炫飾）是個無親無靠的青年，被公司裁員後想要自殺，不但沒有成功，還被「好色爺爺」、「菸鬼大叔」、「吃貨小鬼」、「愛哭大嬸」四個亡靈附體，他們都想利用他的身體來做一些事情。老色鬼要一台相機還給老朋友，菸鬼要一台指定的計程車到海邊聊天、游泳，愛哭鬼想買菜煮給心愛的人吃。 奇怪的是這群鬼達成任務之後還是賴著不走，主角因此大怒、大罵，原來那些纏上他的鬼，其實都是他的家人。老色鬼是他的爺爺，他的心願是利用那台相機幫全家人拍張好照片；菸鬼是他的爸爸，最大的心願是用那台計程車帶全家去海邊旅行、教主角學會游泳；小鬼頭是他的哥哥，愛哭鬼是他的媽媽。當年大家去海邊時，發生重大車禍而全家死亡，只剩下主角孤獨的活了下來。主角表面看起來是獨自一個人，實際上他的家人卻一直都陪伴著他……
值得一看	1. 車太炫的表情及演技十分吸睛，他被四個個性完全不同的鬼附身，加上原本的角色，一人分飾五角，可與美國的金凱瑞相比。 2. 這是一部黑色喜劇，富於創意及情感，會讓你目不轉睛的一直看下去。
思考討論	1. 擁有家人的陪伴或沒有家人的陪伴，對日後的身心發展之影響有多大？ 2. 你能感受到父母及其他家人用什麼方式來表達對你的愛嗎？反之，你用什麼方式來表達對他們的愛？

<table>
<tr><td colspan="2">漫畫作品：飆速宅男（原名：弱虫ペダル）</td><td>作 者：渡邊航</td></tr>
<tr><td colspan="2">發行時間：2008 年</td><td>出版社：秋田書店（日）／尖端出版社（台）</td></tr>
<tr><td colspan="3">探討主題：團體協調與團隊合作</td></tr>
<tr><td>內容簡介</td><td colspan="2">千葉縣立總北高中新生小野田坂道是一個熱愛動畫、遊戲和秋葉原的御宅族。由於在初中時代沒有遇到相同喜好的同學，所以打算進入高中後加入動漫畫研究部。想加入的社團，後來卻因成員不足而活動休止，面對如此狀況，小野田開始意志消沉。另一方面，同樣是新生、初中時代即活躍於各大自行車比賽的今泉俊輔，某日在訓練的時候見到小野田坂道騎著自行車爬上陡坡的過程，驚訝於小野田用普通淑女車還能達到競賽車表現，決定在學校的後門坡跟他挑戰，並邀他加入單車部。
由普通的騎車當代步工具，不知不覺擁有卓越騎車能力的小野田，通過新生對抗賽與集訓後，成為車隊的兩名主力爬坡選手之一，並和總北高中單車社一起挑戰全國高中聯賽。</td></tr>
<tr><td>值得一看</td><td colspan="2">1. 自行車是單人運動，但經營一個車隊需要團體合作。一個車隊需要不同才能的選手，在適當時機發揮所長，以確保在各種地形下都有一個最快的車手能帶領大家前行。如平地的衝刺選手、坡地的爬坡型選手，以及負責衝過終點線的王牌車手。少有人是全能的，因此要將自己特別的才能發揮到最好。在不同的地形由不同的車手領騎，就能帶動整體士氣、儲蓄王牌車手的體能，接近終點時再將他送出去。只要一件車衣獲勝就是全體穿同樣車衣人的勝利，這樣的精神使團隊的人專注於同一個目標。可見一個好團隊在於不爭功，隊員清楚自己能力的配置，並追求共同的勝利。
2. 自身在團隊中的表現，會有追不上其他隊員的情況，如新人小野田就在高中聯賽的大車隊中掉隊而被擠到最後一名。這時要做的是重振自己的信心，提升自己的能力，使自己達到團隊的水準。不能就此放棄或屈居更下位的團隊。團隊是提升自己非常好的基準點，跟隊友間彼此學習能使自己更強大。</td></tr>
<tr><td>思考討論</td><td colspan="2">1. 如何與隊友培養信任關係？如何多學習而不忌妒別人擁有的能力？
2. 單靠王牌選手撐場的隊伍好嗎？團隊只依靠能力突出的人會出現怎樣的破綻？</td></tr>
</table>

Chapter 7

打工、與未來的職場溝通

聽聽大學生的心裡話

看到同學幾乎都打工，我也躍躍欲試，不小心被爸媽知道了，他們非常生氣，怪我功課都顧不好還去打工？他們以為我打工純粹是為了好玩，而且覺得打工場合（如超商、速食店、小店鋪、餐飲業等）對前途沒有幫助。他們說，先前有位院長級的大人物說：「大學生打工賺錢，不好好念書，把最寶貴的黃金時間當石頭賣掉，真的笨死了。」

我不否認有些同學因打工而蹺課，或打工太累而疏忽課業。我也不否認有些同學把辛苦賺來的錢，拿去吃牛排、買禮物送男（女）友或自己。我更不否認有些同學重視打工的程度超過課業，最離譜的是本末倒置，打工之餘才考慮選課；若每天中午以後要打工，只能選早上的課，這樣怎能順利畢業？若早上爬不起來而蹺課，最後可能遭到退學。若老師未嚴格點名而僥倖過關，到頭來只是混到一張大學文憑而已！

我不是這樣，我一週只打工兩天，一週絕不超過二十小時，且至少將一天的打工放在週休二日。打工過程中，我有許多有形、無形的收穫，除了支付自己的額外需求，不增加父母的負擔外，也改變了我一些不好的個性或習慣，例如：膽小、粗心、動作慢、不喜歡說話、不善於整理東西、不與人打招呼、遲到……。

最近，大學課程逐漸增加實務體驗或企業實習，就是希望大學生及早與就業環境「接軌」。打工和企業實習的基本精神或核心價值差不多，我覺得父母、師長應該多了解我們在做什麼，進而提供更多打工和企業實習的機會，而不是一味的排斥或反對打工。

第一節 打工的收穫與應有的態度

大學生努力想在社團或打工中學習做人處事，父母卻說：「管好自己就好，書讀好最重要，不要浪費寶貴的時間去打工。」

一、打工的收穫

有些父母反對打工，因為不捨得孩子太辛苦。但也有父母卻「反其道而行」，如報載（李蕙君，2014），臺東布農文教基金會創辦人白光勝牧師堅持「孩子一定要吃過苦！」他要求自己的六名子女讀高中及大學前各休學一年，到布農部落打工賺學費。在農場裡種菜、養牛羊，到餐廳端盤、擦桌、接待、表演等。上班時子女是他的「員工」，下班後才是自己的「小孩」。他的子女剛開始也抗拒，後來發現：「在勞動中，可學習人生態度、處事方法，找到生命目標。」

大學階段藉由打工可認識「職場生態」，想想自己未來適合從事什麼工作。「人際交往」部分則可學習與同事相處、和上司有效溝通、聽懂顧客的意思或需求，以及縮小自己、融入團隊。

打工對於個性內向、害羞的人，特別具有挑戰性及實質幫助，因為不管你喜不喜歡，都得「被迫」與人溝通。這種「強迫學習」，有如心理輔導的「洪水猛獸法」——給予大量恐懼的刺激，使其因感覺「麻痺」而不再恐懼。但對太過害羞的人，可能會造成更大的畏懼及創傷而永遠不肯嘗試。所以較安全的作法是「系統減敏感術」——先給予少量、可忍受的刺激，等到能適應、心情恢復平靜後再逐漸加量。依此步驟反覆進行，直到對該刺激不再恐懼為止。

運用打工來加強人際訓練，宜介於「洪水猛獸法」與「系統減敏感術」之間，不過於激烈也不過於保護。若發現自己確實對人際相處感到困擾，還是應及早尋求輔導專業的協助，以免在同樣的問題上重複犯錯。

打工一定要和未來的工作有關嗎？

政治大學校園記者　簡嘉貞

大學有四大必修學分，其中之一就是打工（另外三項為課業、社團、愛情）。每個人打工的理由不同，有的人為了滿足物慾，有的人認真想為未來打算。我曾和一個朋友聊到自己在美國的打工旅遊，他卻冷冷地說：「對你未來的工作有幫助嗎？說穿了不過是去玩而已。」「只是打工，要有多高遠的志向啊？」我在心裡默默地嗤之以鼻！

後來我才了解那位朋友的真正意思，在準備研究所推甄時我發現，自己多麼需要相關的實務經驗啊！這可不是隨便跑跑腿或剪門票的打工可以應付的。大學時代要先和未來工作領域接觸，這是非常重要的事。

當然，不是非得從大一開始就對打工單位斤斤計較，有機會了解其他陌生的領域，仍然非常重要。我曾利用暑假到北京實習，因為是學校的安排，所以實習單位並不如我的預期，甚至和我的專業無關。剛開始我很洩氣，找不到認真實習的動力，但我不甘心這樣虛度，所以一直想找到實習的核心價值！

我鼓起勇氣拜託同事教導我，或給我一些事情做。他們紛紛把正在進行的工作交給我，內容多樣且繁複，也終於讓我找到每天去上班的價值！那些工作讓我的網路運用能力大增，也對網路行銷的工作有所認識。

除了專業技能之外，我也學會了和同事間的應對，這是很棒的收穫。初到陌生環境，很多事要靠同事幫忙。因為我成天巴著他們，所以培養出不錯的感情。

實習場域應該注意的事情如下：

・別人不一定有空教你、帶你，所以自己要會觀察、找機會。

我剛到實習單位時，同事根本不理我，自顧自地做他們的工作。第一天我在極度無聊中度過，後來我主動開口向他們要工作，才發現只要肯學習，他們其實很願意指導。

・實習等於未來職場的門票，凡事要三思而後行。

一般來說，實習單位和未來工作有極大相關，不僅可為履歷加分，也能讓你提早熟悉未來的工作。如果這行業的圈子不大，你的缺點便很容易在圈子裡傳開；所以在實習場域中須謹言慎行，避免做出日後懊悔的事。

如果實習的場域沒事可做，不要暗自慶幸，因為來實習就是來學習，應盡量開口討工作做。不僅能為自己爭取學習的機會，也讓同事對你留下深刻的印象。

工作時，最怕和雇主理念不合，如果一時沉不住氣，可能連工作都不保！媽媽常說「卡骨力」（台語），沒事要找事做，永遠要比雇主先想一步。媽媽常教我，如果你可以在別人想到之前就把事情做好，日後不管在哪裡，機會都比別人多。面對不同的雇主最重要的是了解雇主的個性，以及自己在職場上「應該做什麼」與「不應該做什麼」。

我曾經幫忙分析「學校教職員工之工作幸福感」指標，得分最高的不是升遷管道或福利制度，而是職場的人際關係！可見跟共事者擁有和諧的關係，是多麼重要的一件事。在職場中難免會和同事有摩擦，但切勿讓小事變成大事或明爭暗鬥，要以真心待人，維持和諧的合作關係。

其實不管打工或實習，最重要的是自己的工作心態，只要願意學習、願意做事，一定能有所斬獲，甚至是意想不到的收穫！

二、打工應有的態度

美國哈佛大學心理學博士丹尼爾・高曼（Daniel Goleman, 1946-）於 1995 年出版《EQ》一書，成為情緒教育的專家及推廣者。1998 年又出版《EQ II：工作 EQ》一書，將 EQ 的範疇擴及職場，分為五大情緒智力，前三類情緒智力屬於個人能力，後二類為社交能力。

- 自我察覺（self-awareness）：認清自己的情緒及其影響力，明瞭自己的長處與限制，肯定自我價值和能力。
- 自我規範、自律（self-regulation）：處理紛亂的情緒和衝動，保持誠實和完整的價值標準；為自己的表現負責，具有處理變遷的彈性，樂於接受新知。
- 動機（motivation）：努力自求改進或達到卓越，參與團體或組織目標；準備伺機而動，對追求的目標堅持到底。
- 同理心（empathy）：感受他人的情感與觀點，幫助別人發展；藉由團體成員的歧異性再造新的機會，解釋團體的情緒暗潮和權力關係。
- 社交技巧（social skills）：發揮有效的說服藝術，鼓舞並引導團體和眾人，協商並解決爭議；與他人合作以達共同目標，創造團隊的相乘力量。

有些服務生不管面對什麼客人都能好聲好氣、畢恭畢敬，雖然有時也會抱怨，但面對客人時還是有良好的態度，如：日本的服務態度——鞠躬、笑容、問候與致謝、輕聲細語、心平氣和、整齊的服裝與妝扮、快動作、為顧客著想。

當然，對客人的良好態度並非壓抑及偽裝，而要平時擁有多重的舒壓管道，包含：寫感恩日記、從閱讀中找答案、固定運動、向師長親友傾訴及請教、聽音樂或唱歌、有休閒嗜好與養寵物等。好員工為公司著想，不需上級監督也能做好工作，懂得自我舒壓及解決問題；好公司也該珍惜好員工，儘量關心及照顧員工的身心需求。

相反的，有些員工雖然能力很強卻不擅於與人相處，尤其情緒掌控能力較差，例如：開會時大哭、發脾氣，接抱怨電話時掛客戶電話，甚至在同事面前自我傷害或威脅報復對方。這些已超出工作單位能容忍與協助的範圍，需求助輔導專業或身心科醫生。

有位大學生說，他曾為了多存些錢而同時打兩份工，不免因時間衝突而要換班。次數多了主管竟建議他辭職，他氣得當場頂撞：「你憑什麼要我離職？」主管當下沒有生氣，只是叫他冷靜；之後他雖道歉卻非出自真心。經歷過其他困難及客戶刁難後才知道，必須注意自己的應對進退及情緒管理，否則對自己及工作團隊都沒有好處。

青少年時期口無遮攔、只做想做的事，別人也許會形容你有個性，長大後就要懂得人情世故、顧慮別人的感受，大家才願意和你交往與合作，千萬別讓「有個性」變成工作及升遷的絆腳石。

打工不可隨便辭職，尤其已承諾要長期工作。剛開始打工難免因經驗不足而犯錯較多，要撐得住、多學習，不要以為大家都該對新人寬鬆。請求別人幫忙時要有禮貌，不可把別人的幫助視為理所當然。父母、師長可能對你較為保護，給你重來的機會，但工作場合必須公私分明，不可能對你比較特別；所以要增加自己的「抗壓性」，以免經不起責備而想反抗或放棄。

第二節 職場倫理與溝通技巧

2013 年有齣收視率很高的日劇《半澤直樹》，主角半澤直樹經過一番激烈競爭進入一家大銀行，因突出的才華與績效升遷為主管。但他的處世哲學竟是：「以牙還牙，加倍奉還。」原來直樹在青少年時期眼見父親跪求銀行借貸卻被無情拒絕，以致父親因工廠倒閉自覺對不起員工及廠商而上吊身亡。經此重大創痛，他決定要向那些無情無義的人討回公道，讓他們嚐嚐被欺壓的痛苦滋味。

但他並不因此仇視所有人，因為父親生前慎重的告誡他：「工作中一定要珍惜人與人的交往，而不要做那種像機器人般的工作。」所以他十分看重職場倫理與人際情感，除了盡到自己身為主管的責任外，更竭盡心力幫助同事、下屬與客戶。

一、職場倫理

職場上的人際關係與家人、朋友、師長不同，較不講情面，不一定有改過的機會。有人在被上司、前輩、客戶責罵後，還弄不清楚自己錯在哪裡。所以要虛心學習，更要察言觀色、廣結善緣，才能得到貴人相助。職場貴人通常不會主動出現，等你去請教與求助，包括曾經責罵及羞辱你的人。

16 歲進入職場的阿基師說（陳雨鑫，2013），先求學習的機會再談薪資，若太計較薪資，最後連學習的機會都沒有。他覺得現代年輕人眼高手低，聽到 22K 就不做，若太計較將導致兩頭落空。

2011 年臺灣大學前校長李嗣涔曾轉發一封電子郵件：「14 點給社會新鮮人的建議」給臺大應屆畢業生，當中與「職場倫理及溝通」有關的項目如下：

- 保持熱情，別太在乎薪水、職位與升遷，熱情會帶來卓越。
- 儘量避免事後請假，「臨時不出勤」將造成團隊相當大的困擾。
- 不要輕易說出「這不是我的工作」或「這太簡單了，找別人做」等推諉的話。
- 不要說出「沒辦法、我不會」或「太困難了」等洩氣話。
- 會議前對討論主題深入了解、充分準備，會議中提出建設性的問題及發表自己的見解。
- 對同事及主管應具備同理心，實現同理心至少可減少 65%的人際衝突。
- 別把責任推給他人，要有自省能力，勇於承擔責任與壓力。

上述看起來很簡單的道理，難道大學生不知道？我國有不少大學生為了聯考分數而耗盡心力，與考試無關的事則不太重視，如以下幾項：

（一）不打招呼

現在的大學課堂早已沒有上課敬禮的儀式，老師跟學生打招呼，學生還未必搭理；而且選課的權力在學生手上，他們覺得沒必要「討好」老師。學期結束還可以「評鑑」老師的教學，大學生自認可「監督」老師。

（二）不參加活動

現在的大學生對於社團、系上或全校性活動的參加意願不太高，即使是校外教學類似旅遊，也未必有興趣。若是稍為嚴肅的學術性活動，參與者更寥寥無幾。「個性」凌駕於「群性」之上，個人取向的活動優於群體取向。

（三）與他人互動很少

現在的大學生與同學甚至室友的關係，大都是「不熟」，很少互動甚或從不互動，共同的經驗或話題愈來愈少，惡性循環之下就愈來愈不需要互動。

（四）不會主動幫忙他人

現在的大學生較不喜歡與人親近或太熟，自然不會知道別人有困難。自己有困難時也因為無人可以傾訴及幫助，導致常有自殺的憾事發生。

（五）不知如何服務他人

現在的大學生多半在父母、師長的呵護下長大，等著接受別人的照顧而不願意或不知如何為人服務，所以貼心的舉動較少，甚至請求他的幫助時還無法即時反應。

職場新人若以為可以像在學校一樣，不會的事也不問人、被指導了還不開心，或不懂如何協助別人，這樣的人到哪裡都會被指責。因為沒人有義務教導你，如果你不夠積極，誰相信你能對團隊有貢獻。

人際關係的經營在職場上非常重要，重點如下（許書揚，2013，頁 119-137）：

- 從打招呼開始，展現活力與禮貌（尤其是新人）。千萬不要態度高傲，對人愛理不理。

- 多參加公司活動，積極發表意見，表現向心力及參與感。
- 與同事有共同的經驗與話題，才能增進同事情誼。
- 對於同事要主動幫忙，尤其同事有麻煩時，更要加倍關心。反之，則應經常感謝同事的幫忙。
- 貼心及善於察言觀色。

職場溝通一定要學習，因為「從小學到大學，課業成績是靠你一個人的努力。……職場是個完全不同的世界，你需要別人的幫忙才能出人頭地」（林麗雪譯，2009，頁 204）。職場的人際溝通技巧主要如下（林麗雪譯，2009，頁 206-211）：

- 不要對人際關係期望太高，不可能期望主管保持好心情，或助理都跟你一樣注意細節。
- 有人明顯或不明顯對你不友善時，不要太敏感；把焦點放在繼續工作的理由，把精力保留給辦公室其他值得你好好對待的人。可以坦白與他談談，看如何改善你們的關係。如果他仍繼續以你為箭靶，就要設法讓自己抽身，沒有任何一個工作需要賠上自己的尊嚴。
- 面對批評時，馬上否認或生氣的辯解都不是好方法，只會妨礙個人成長與生涯發展。最成功的人會保持客觀地傾聽，接受有建設性的批評。
- 如何讓一個情緒失控的人冷靜下來，最好是了解他的憤怒，並專心聽他抱怨、不要打斷。

二、職場溝通技巧

各企業「徵才」條件中一定少不了「具有良好的人際溝通能力」、「抗壓性高」、「能與人和睦相處」、「意見不一致時，能理性溝通」等項目，李開復（2006）發現，當代大學生「不可忽視的缺點，其中最讓人擔心的就是他們普遍缺乏處理人際關係的能力與技巧」。

李開復認為原因是身為獨生子女習慣自我中心，尤其是學業競爭處於優勢的孩子，常忽視人際交流的鍛鍊，甚至認為別人只是陪襯。星雲大師說：「和諧走到哪裡，成功、財富、平安都跟著來。」鄭衍基（阿基師）說：「職場六不——不要功高震主、才大欺主、權高壓主，也不要妒忌、比較、計較。」這些名人的經驗與智慧，恐怕與現代年輕人的思維「大異其趣」；是講究「優勝劣敗」的學業競爭中，較不容易想通的道理。

課堂上，我常舉實例讓學生擔任「偵探」，「抽絲剝繭」抓出溝通的錯誤。有一次我應邀去某地演講，事前一個禮拜主辦單位以一封電子郵件告知演講取消，令我十分錯愕。我要學生針對這個案例，從細節中找出溝通瑕疵，並要學生思考有沒有較好的處理或溝通方式？

學生分組討論後發現，這種隨意「毀約」的壞習慣是學生時代養成的，如忘了和老師約定的討論時間或繳交作業的期限，卻抱持著「應該沒關係吧！老師不會介意啦！」的心態。如果老師真的不介意，就會造成「這麼做無所謂」的壞習慣。

養成這種壞習慣之後，如果去應徵一份「打工」，已和對方約定面試時間後卻覺得那份工作不理想而不想去，就會以一封電子郵件或簡訊「通知」對方。店家因為你是學生而原諒你沒有定性，但若是一份正式工作，你這麼做就會得罪人。別人不一定會告訴你犯了什麼錯，但一定會默默記在心裡。

我有位很優秀的學生，他的遭遇就不僅被「默默記在心裡」，而是遭到「強烈譴責」。他的系上要求畢業前要「企業實習」，他去 A 機構面試錄取也答應要去，同時他還應徵了 B 機構，不久也接到錄取通知。後來他決定棄 A 而去 B，於是發了一封電子郵件「通知」A 機構「我不去了」，A 機構的主管回了一封措詞嚴厲的信函給他。要不是對方的「震怒」，他對自己不尊重別人的行為根本「無感」。

也有些學生覺得「臨時取消演講」，不過是件「小事」，我應該體諒主辦單位的難處。我回答：若別人不尊重我，我當然可以選擇原諒對方，若是我不尊重別人，就無權要求對方必須體諒我。

總之，尊重、不傷害別人、讓事情更圓滿，是溝通的不變準則。若「情有可原」，當然可以原諒或接受對方的道歉。但不可以「雙重標準」，只挑於己有利之處而自我原諒，卻認為別人不原諒自己就是太嚴苛。

而今資訊科技進步，使我們可以迅速卻低成本的傳遞訊息。以前人們還常打電話，至少以聲音方式「對話」；現在則愈來愈多人以「單向」及「文字」方式溝通，例如：電子郵件、手機簡訊、網路社群等。人和人的互動雖然便利許多，卻也少了許多「禮貌」與「溫情」。即使是電子郵件、手機簡訊、網路社群，對收件人的稱謂、感謝語、祝福語、署名、敬辭、致歉等，仍不應疏忽！加上雙方對文字的「傳達」及「解讀」不同，不一定有機會向對方「求證」或「澄清」，很容易造成誤解與衝突，甚至疏遠及終止了人際關係。

有效的溝通要「有來有往」——聽與說的「角色交替」，經由「回饋」告訴對方我聽到什麼，或詢問對方你聽到什麼，才有可能「確認」有沒有聽錯，進而尋求「異中求同」、達成共識。如果是重要或緊急的事，除了要確定對方收到「訊息」之外，更要思考下列幾個事項：

- 僅以文字形式傳達是否足夠？是否應輔以電話及當面會談？
- 是否應以電話及當面談話為主要溝通方式，再輔以電子郵件、手機簡訊、網路社群等文字形式的溝通？

因為職場溝通代表的是團隊而非你個人，要達到溝通效果就不可偷懶或便宜行事。

第三節　如何與上司相處？

大學階段就要開始練習「與上司相處」，上司可能是年長者，由於「代溝」而與你有觀念或作法上的落差。上司可能是年輕人但社會經驗豐富，這就考驗著你是否要相信他的判斷。趁著你還是學生，犯錯可能被原諒，在打工或企業實習時要勇敢與上司互動，從嘗試錯誤中學習。

以較小的地方來說，離開上司辦公室時應儘量面對上司、倒退著走出來，不要轉過身背對上司離開，這是我的恩師賈馥茗教授教導的。馥茗恩師擔任過兩任「考試委員」（總統特任，等同部長層級），見識過許多大場面，她很感慨許多人不注意進退應對的禮貌。某位學生說：

「『與上司談話結束後，不能背對著上司離開，而必須倒退著走，一直到門口』，這是我從來沒有想過的！一般我找教授討論，結束時通常轉身就走。這才知道，自己以前是多麼的不禮貌。」

一、如果與主管不合

「與主管不和」這個問題其實很容易發生，面對主管時盡可能不要太過主觀而與主管爭辯，「退一步」也是一種表達自我的方式。要認真的把上司交待的事情做好，並儘快向主管回報，如此應能避免和主管產生不必要的衝突。

當然，面對上司不全都言聽計從、唯唯諾諾，還要懂得表達與推銷自己，否則就可能懷才不遇。如果希望遇見生命中的貴人與伯樂，就要把上司當成「貴客」，讓他感到「賓至如歸」。除了向上司傳達自己的「積極」態度外，也要了解上司的想法、縮短與上司之間思考的鴻溝。

如果上司的指示、方向與我們的想法不同，可以根據事實，以平穩的語調及尊重的態度詢問「為什麼」，如此就能了解上司的思考邏輯，無形中縮短了與上司的「差距」。讓上司感受到我們的用心與堅持，也能在下次有同樣情形時避開這個「地雷」。

如果覺得上司無能、心中不服，又要唯唯諾諾、言聽計從，這不是很虛假、矛盾嗎？如果你真的看清上司的為人與你的原則不合，當然可以「良禽擇良木而棲」選擇離職。但也許你並不真的了解上司，或許這是一次挑戰的機會，可以試著改變上司而不要輕言離開。太頻繁的換工作，並不利於日後的謀職與發展。

打工亦然，不要只想到時薪多少、工作輕不輕鬆，更要重視其中的磨練。奇異公司（General Electric Company，簡稱 GE）前董事長兼 CEO 傑克・威爾許

（Jack Welch, 1935-）說：「無能的人，才會抱怨主管嚴厲。」願意接受磨練才能增加專業能力及抗壓力。

二、如何向上管理？

如何讓上司聽我的？首先你要讓上司相信你是個願意接受他人意見、容易溝通，而非堅持己見、不容易妥協的人。你必須對於自己的提議或報告內容表現出熱情與信心，但不要過度，以免顯得感情用事、不夠專業。你要能設身處地為上司研擬幾個可行方案，用選擇題的方式讓上司做決策。

上司的步調有快有慢，身為部屬最好隨時做準備，不要讓步調慢的上司覺得自己躁進，也不要讓步調快的上司覺得自己是慢郎中！我們可透過他（她）的秘書了解上司的個性、喜好與優缺點，藉此不但可以大幅縮短與上司的磨合期，更可有效的拉進與上司的距離。讓上司知道自己的貢獻，而不是被動的讓他發現自己的長處。

千萬不要只求「尚可」及「安於現狀」，職場上獲得上司的「基本滿意」、同事的「基本認可」、工作的「基本完成」已遠遠不足。即使原先是公司裡最高學歷及最高能力的人，若自以為達成既定目標或自己是公司的功臣而未能繼續深化技能，不僅會失去工作熱情，別人也會輕易超越你，使你面臨被淘汰的命運（李珊珊，2012，頁 82-87）。

溝通的細節與小撇步

在打工當中仔細觀察其他工作人員如何與上司相處，為何有些人與上司不合、有些人卻能受到上司的信賴與重用？訪問家中已就業的人，他們對即將進入社會的你，在職場溝通方面有哪些中肯的建議？

補充教材與課後自學

<table>
<tr><td colspan="2">電影片名：青鳥（The Blue Bird）</td><td>主要演員：阿部寬、本鄉奏多</td></tr>
<tr><td colspan="2">發行時間：2012 年</td><td>發行地：日本</td></tr>
<tr><td colspan="3">探討主題：校園霸凌、同理心、師生關係</td></tr>
<tr><td>內容簡介</td><td colspan="2">野口同學因為受不了同學霸凌而自殺，僥倖不死的他只能轉學。全校師生都刻意忘記這件事，然而新學期開始，班上來了一名代課老師村內（阿部寬飾）。雖然身為國文老師，他卻有嚴重的口吃。村內每天都向野口缺席的座位道早安，他告訴全班同學「遺忘」野口是卑鄙的行為。
為了面對霸凌、欺侮等校園問題，學校設立了「青鳥信箱」，接受學生的諮詢。這些無法與同學順利相處或是因為老師的教導不當而受傷的孩子，只要與村內老師相遇，就會開啟他們不同的人生。村內老師猶如帶來幸福的「青鳥」，悄悄的降臨在校園內。
能深度面對和探討霸凌事件的老師，多半要面對全校的挑戰。但其實只要有一個聲音、一點正義和一絲關壞，被霸凌者都不會走上絕路。若校方扮演冷漠者，同學只能自求多福，就沒人敢承擔伸張正義的後果。</td></tr>
<tr><td>值得一看</td><td colspan="2">1. 「霸凌」這個議題似乎可大可小，因為只要大家故意忽視它，就彷彿不曾發生過。所以，一旦出事，如片中所演的被霸凌者自殺，其實周遭的沉默者都要負擔連帶責任。
2. 如片中阿部寬所扮演的代課老師，就能帶給被霸凌者極大的希望，也能提醒大家「正視」這件確實存在的大事。</td></tr>
<tr><td>思考討論</td><td colspan="2">1. 在你的求學過程中，親身經歷或親眼見過霸凌行為嗎？其他同學或老師的態度如何？有沒有老師是站在霸凌那一方的？
2. 在霸凌事件中，你扮演過什麼角色？現在覺得心情如何？你覺得學校及老師應該教導我們什麼事？</td></tr>
</table>

<table>
<tr><td colspan="2">電影片名：杜拉拉升職記</td><td>主要演員：徐靜蕾、莫文蔚、黃立行</td></tr>
<tr><td colspan="2">發行時間：2010 年</td><td>發行地：中國</td></tr>
<tr><td colspan="3">探討主題：職場溝通與合作、人際衝突</td></tr>
<tr><td>內容簡介</td><td colspan="2">本片改編自 2007 年出版的《杜拉拉升職記》一書，寫出白領的夢想和迷惘，還歸納了職涯規劃的法則和辦公室的生存之道。
杜拉拉（徐靜蕾飾）是一個 70 後的平凡 OL，沒有顯赫的家世和過人的外貌，憑著良好的教育和自己的努力，在短短八年內在排名五百大的外商企業之激烈人事競爭中，由銷售助理晉升到人事經理。這個虛擬的小說人物，讓她成為現代中產階級的偶像。
電影前半段著重在杜拉拉工作上的演變，由民營到外企，薪水增加、職位擢升。她的勤奮用心很幸運的能被高層上司看到，多少撫慰了現實白領不得志的苦惱；但也遭受主管坐享其成的不公平待遇，點出了辦公室文化的黑暗面。
後半段的焦點在職場戀情的兩難，男女主角是互動頻繁的主管與秘書，所以即使杜拉拉很有工作能力，還是很難不給人靠男友提點與指導的聯想。</td></tr>
<tr><td>值得一看</td><td colspan="2">1. 職場人際關係的複雜度，遠遠超越學生時代的想像。不論你表現得好或不好都有問題，不論你與上司、同事相處得再好，都不能掉以輕心。
2. 工作上絕不能只問做事而不管做人，否則即無法建立人脈。不論平常事務或關鍵時刻，可能會找不到朋友幫忙。我國的教育環境，只求高分而不注重與人合作；藉本片應可提醒自己，在職場上還欠缺什麼能力與態度？</td></tr>
<tr><td>思考討論</td><td colspan="2">1. 以現階段的你而言，已體會到職場人際溝通的困難與重要了嗎？為什麼？
2. 以到目前為止的工作經驗而言，你覺得職場上與哪一種人的溝通最為困難？為什麼？</td></tr>
</table>

<table>
<tr><td colspan="2">小說作品：打工吧！魔王大人！（原名：はたらく魔王さま!）</td><td>作者：和原聰司</td></tr>
<tr><td colspan="2">發行時間：2011 年</td><td>出版社：ASCII Media Works（日）／台灣角川出版社（台）</td></tr>
<tr><td colspan="3">探討主題：打工、與未來的職場溝通</td></tr>
<tr><td>內容簡介</td><td colspan="2">曾席捲聖十字大陸——安特伊蘇拉的魔王軍，在勇者率領的反抗軍追擊下，不得不靠著異世界之門撤退到其他世界。異世界之門的另一側，即是現代的日本。
現代日本沒有魔力的概念，想開啟異世界之門回到原本世界，簡直是難如登天。不得已之下，與部下惡魔大元帥艾謝爾一起住在東京笹塚三坪大房間的魔王，改名成「真奧貞夫」在速食店打工，成為令後輩景仰的模範員工。他的目標是成為正式職員，作為征服日本的第一步。
另一方面，追蹤魔王而來的勇者艾米莉亞，在不存在天界之力「聖法氣」的日本，也和一般人相同，以「遊佐惠美」的身分擔任約聘員工，一邊準備打倒魔王。
如果魔王大人無法取回回到原來世界的能力，是否就會成為一個工作能力強的日本青年，而度過餘生？勇者又要如何在人類社會的規範下一邊工作，一邊監視不讓昔日殘忍不堪的魔王故態復萌呢？以三坪大的公寓為「魔王城」，破舊的腳踏車為座騎，昔日戰場上的大元帥也轉而在家庭收支簿上運籌帷幄。即使如此，魔王大人向上爬的野心，在踏實的工作與節約的生活中，依舊熊熊的燃燒！</td></tr>
<tr><td>值得一看</td><td colspan="2">1. 如何在打工中社會學習，並培養正式工作必須的能力？本作品中男主角是一個自稱「魔王」的模範好青年，工作態度認真、主動服務、解決客人各種困擾，如注意到帶著小嬰兒的媽媽，即主動提供加熱離乳食品的服務，以及在客人跟外國客人出現糾紛時，充當翻譯與調解。魔王認為力所能及的範圍內多一些服務，未來總會回饋在營業額上。魔王從異世界到日本，一開始連日語也不會說，從辦戶籍開始一步步使自己進入這個社會。因此只要跟改善工作與生活有關係的事，魔王都會主動積極的學習。如為了打工，他學了英文甚至德文等語言、考機車駕照、考麥當勞咖啡師等資格。即使只是在速食店打工，魔王的工作能力也足夠他一步步升職，用這種方法掌握人類社會將不是夢想。魔王大人也得到打工的同事景仰，打工的女高中生千穗就是因為在店裡受到魔王的幫助，才想要在打工環境中接觸社會職場，使自己對前路不再迷茫。</td></tr>
</table>

值得一看	2. 魔王在原世界時是統帥魔界千軍的王，在日本速食店則相當於中階幹部。魔王時常暗中學習店長的各種能力，直到某一天當上一日店長，才有機會發揮他的領導能力。他指揮原是同事的眾員工，並推出當日特別計畫的七夕竹與掛許願籤活動，竹子還是鄰里的老爺爺提供。雖然有點小冒險，但吸引了大批人潮。可見職場不能一成不變，員工不只聽從指揮，也要為自己的公司多設想、做出改變。
思考討論	1. 工作的意義是什麼？要如何帶入經營者的心態與老闆溝通、為公司付出？ 2. 非正職的打工就可以鬆懈嗎？是否要為了改善工作能力而新增自我技能（如語言、證照等）？

Chapter 8
親情的維繫與轉型

聽聽大學生的心裡話

我的爸媽看「爸媽囧很大」這個電視節目，一聽到坐在兒女這一邊的觀眾有「很奇怪」的言論時，就順便把我罵了一頓：「你們這些大學生啊！一點都不能理解父母的苦心！非要把父母的好意扭曲不可。才講你們一點點就那麼不耐煩，我們以前哪敢用這種態度對父母……」。

只要爸媽開始「碎碎念」，我就趕緊躲回房間或找藉口出門，因為不管我回答或不回答他們都會「火大」，卻不承認自己生氣，「三十六計走為上策」是眼前減少親子衝突的最好方式。我很想搬出去住並自己負擔房租，但只要一提起，爸媽就一面罵我像個小孩般依賴父母，卻又不准我搬出去學習獨立。唉！真不知該怎麼跟爸媽溝通？

今天媽媽又「抓狂」了，先是大聲斥責我「頂嘴」，繼而開始「生悶氣」、不跟我說話。我也有情緒啊！我的忍耐也有限度啊！其實我知道媽媽真正生氣的人是爸爸，對我只是「遷怒」。最近家裡氣氛怪怪的，爸爸愈來愈晚回家，全家人已經很久沒有一起吃晚餐了。當然，媽媽也很久沒有做晚飯了。

姐姐大學畢業就搬了出去，她叫我別管爸媽的事，自己顧好自己就好。長大後才發現，爸媽並不完美，說的話也不一定都對。我很想尊敬他們，但心中仍感到不平衡。他們自己的事情都處理不好，憑什麼教我們如何處理事情？為什麼我都得聽他們的，不聽就是不尊重、不孝順，他們卻從不聽我的，這也是不尊重啊！為什麼父母就可以「雙重標準」？

第一節　大學生的家人關係

親子之間即使關係密切，說話也不能輕率。若父母在別人面前或公開場合任意批評與斥責兒女：「你就是貪玩、偷懶、欺騙、不積極，我不知道上輩子欠你什麼，這輩子來還債啦！」兒女一定會覺得委屈、沒面子，自己的努力都被父母抹殺，失去了再努力的動力。

反之，兒女也不應脫口說出：「你很煩耶！懶得跟你說！不要再說了啦！」使父母生氣與傷心，感慨孩子長大後卻不知感恩、不懂事，致使親子溝通時情緒無法冷靜。惡性循環之下，「話不投機半句多」，親子關係愈來愈疏遠。

一、大學生與父母的關係

「難道孝順父母就得什麼都順著他們，不能有自己的意見或說出自己的想法？做兒女的也會情緒崩潰啊！」有人覺得既然無法對父母表達真實情緒，乾脆隱藏起來、封閉心門，不再對父母說「真話」。

有人覺得和父母不親、有距離感，因為兒時父母太忙或是由爺爺奶奶帶大，沒有得到父母的疼惜與重視。在情感及自尊不夠滿足的情況下，很容易懷疑自我價值，對於受到冷落也特別敏感。

這種沒有「歸屬感」的缺憾，會從親子關係延伸到與其他人際關係，很難與人有親密或信任感，無法與人分享自己的心事，即使關心別人也說不出口。且不敢輕意付出情感，以免受傷、受騙。有個學生說：

「我是爺爺奶奶帶大的，國中時才回到父母身邊，所以感覺和父母不親，在家裡也很少說話。但把話藏在心裡真的很難受，壓抑不住就跑回房間偷哭或打抱枕發洩。

我和朋友的關係也不好，我覺得他們只在要我幫忙時才接近我，其他時間就忽略我。而且因為我不會拒絕，所以他們已習慣要求我去做事。我的心情好複雜，要不要幫他們？他們是不是又在利用我？我沒有可以訴說心事的朋友，活著真的好累！」

若想化解這個心結，可先「探索」當初父母無法照顧你的原因；知道事情的原委後，也許較能諒解父母的苦衷而釋懷。父母可能沒想到會造成你心理陰影，因此你應將內心的感受告訴父母，尋求彼此的「和解」，以彌補其中的缺憾。之後，你可主動多花心思與時間增進家人的關係。

親子溝通不良不能全怪兒女行為偏差，不少時候父母才是問題的根源。小雲直到讀了大學，才較能接受父母失和而影響親子關係的結果，她擔心青少年階段的弟弟無法調適，所以常用不當的方式逃避心中的鬱悶。她說：

「弟弟的個性很難捉摸，回到家就把門鎖上，洗澡、吃飯才踏出房門。他的成績不理想、常去練舞，但不是壞孩子。他的朋友讓我們擔心——抽菸、飆車、翹家，弟弟不抽菸，但他很沒耐心，動不動就生氣。他常住在朋友的租屋處，不太回家，這讓媽媽很反感。」

弟弟不聽話時，小雲的父母會「倒果為因」，一味責怪弟弟的不是而不檢討自己的錯誤，更不懂得如何化解親子誤會。小雲說：

「今早媽媽唸了弟弟幾句，他的表情愈來愈扭曲。爸爸對媽媽說：『不要在吃飯的時候唸小孩，害人家沒胃口！』媽媽認為爸爸每次都維護小孩，於是兩人開始冷戰。這雖已司空見慣，仍讓做子女的我們很為難。

弟弟搬出去住，才沒有跟媽媽鬧得更僵。爸媽的狀況在我扮演開心果、姐姐扮演聆聽者的情況下，漸漸好轉！但這只是未爆彈，爸爸不擅言詞，媽媽覺得他不貼心。姐姐感嘆的說，她早已做好爸媽離婚的準備！

我不希望父母離婚，但若彼此觀念不合、個性不同，繼續在一起更加折磨。只是父母依舊是我最愛的人，我不會放棄任何讓他們和解的機會。」

幸好，小雲與姐姐「相信」溝通的力量，分別與爸爸、媽媽、弟弟談談彼此的期待與衝突化解的方法，儘量傳達「建設性的訊息」。小雲鼓勵父母和弟弟「直接溝通」──面對面或以書面溝通。弟弟搬出去住不是真正解決問題的辦法，雖能暫時停火，但壓抑不住的憤怒與誤解只會造成下次更大的衝突。

這對姐妹不願做鴕鳥，遇到困難或危險就把頭埋在沙子裡，他們要進行「拯救家人關係大作戰」，尤其是要拯救弟弟，以免他誤入歧途。這麼做不只是幫助家人，也是釋放自己。

有個大學生說，他覺得親子衝突是很普遍的事，別人家裡也會發生。可是每當他想起和父母的不愉快還是很心煩，感覺家庭不是一個可愛、溫暖的避風港。他說：

「媽媽常堅持自己的想法，我鼓勵她多看些親子溝通的書，就會知道現在的孩子沒那麼難理解，但她都不看。我和媽媽說，要理解哥哥的想法，他已是成人了，不要總批評他的嗜好，不要總催促他睡覺。媽媽聽完後，卻一個人躲到樓上哭。

我覺得現在小孩的想法真的和父母不一樣，成長背景不像父母以前那麼困苦，所以會花錢去看電影、看表演、參加活動。文藝不是無謂的花費，而是值得尊重的專業，但是媽媽卻覺得買鞋子、外套比較划算。可是，孩子要的不是物質，更需要心靈，親子間因價值觀不一樣常發生口角。爸媽總抱怨我們只會在家打電動，但那也是他們造成的，從小他們就不准我們出去玩，總是說在家裡打電動就好……。」

大學生的家人關係？

政治大學校園記者　簡嘉貞

很多人到了大學才第一次離開家，上大一之前的那個暑假，同學聚在一起談論的都是即將到來的獨立生活。有些人早已迫不及待，也有些人滿面愁容。我也即將成為住宿生，但我讀的大學離家不遠，早已抱定每星期回家的念頭，所以特別輕鬆淡定。

開學後才發現，好多同學久久才回家一次，從兩個禮拜一次、一個月一次到一學期一次，撐得更久的大有人在！我很好奇，他們怎麼和家人維繫感情？他們說，常用的方式是打電話「報平安」。

上大學後，認識了許多住南部的朋友，我問他們多久回家一次？最初我是想炫耀自己能夠一星期回家一次，久了反而問出心得，我暗暗在心中歸納出「大學生多久回家一次」的訪問結果。我發現：女生回家的頻率比男生高，家住得近的頻率高於住得遠！最有趣的是，很多男生一離開家就像脫韁野馬，爸媽怎麼都喚不回！我有個男性朋友，終於願意返家的原因竟是：爸媽領光他戶頭裡的錢，僅剩買一張從臺北到高雄高鐵票的錢，他只好乖乖回家報到。

我仔細想過，為什麼「回家」這麼重要？是不是因為見面和只講電話那種感覺和溫度真的不同？以我自己為例，和媽媽講電話的時候常會不由自主地感到不耐煩或胡亂敷衍，每次掛完電話總感到後悔，但下一次不免再犯！若是面對面我就能和爸媽侃侃而談，甚至還能撒個嬌！

大學階段已不像國高中那樣血氣方剛，少了升學壓力後和父母的意見不合或爭執頻率也少了許多。雖說如此，還是可能因為價值觀或信念不同而發生口角。我和爸爸常在看新聞時，因為想法不同而有激烈的辯論。其他事情我都能讓爸爸，就是價值觀不同這點會讓我想和他一較高下。我常被爸爸氣得半死，爸爸卻一副沒事的樣子。

和家人意見相左的時候，第一個想到的應該是和對方溝通，用理性的討論來了解對方真正的想法。但這也是引起衝突火花的主因，媽媽說：「你以為你讀的書多了，就比較懂嗎？」聽到這句話我的怒火更加高張。後來我才學會在這種緊張時刻該做的是「冷卻」，應暫時離開那個氛圍，五分鐘後再回來。或讓其他家人出面緩頰，千萬別讓自己沉浸在怒氣中，因為「吵架沒好話」。

要促進和家人的感情，不外乎多相處！社會心理學有個理論，稱做「單純曝光效果」，對於本來就喜歡或感覺「中性」——沒有不喜歡的人，相見的次數愈多，喜愛度會隨之提升。我媽常說：「家人沒有隔夜仇。」即使前一天再怎麼鬧得天翻地覆，隔天醒來依舊是血濃於水。

要促進家人間的感情，可以透過以下三點：

- 多多溝通。
- 創造更多共同的回憶（如：小旅行）。
- 一起從事休閒活動（如：看電視、運動、踏青）。

這三個建議不外乎圍著一個重點打轉——陪伴！如果能多花時間陪陪家人，不管從事什麼活動都能對感情的增進很有貢獻。我最喜歡與爸爸媽媽窩在客廳沙發一起看八點檔長壽鄉土劇，雖然每次耗掉兩個小時，但還是非常值得。透過那段時間可以和家人放鬆心情、忘卻現實的煩惱，被演員逗得笑呵呵或因誇張的劇情而破口大罵。

找到屬於你們家裡單純而美好的相處方式了嗎？試試看囉！

二、營造正向的溝通環境

美國著名的文學家羅樂德（Dorothy Law Nolte, 1924-2005）有首詩〈孩子從生長的環境中學習〉（Children Learn What They Live）（佚名，無日期），是許多親職教育演講或書籍特別強調的「經典」，內容如下：

批評中長大的孩子，責難他人。
敵意中長大的孩子，喜歡吵架。
恐懼中長大的孩子，常常憂慮。
憐憫中長大的孩子，遺憾自己。
嘲笑中長大的孩子，個性羞怯。
猜忌中長大的孩子，容易妒嫉。
羞恥中長大的孩子，自覺有罪。

鼓勵中長大的孩子，深具自信。
寬容中長大的孩子，能夠忍耐。
稱讚中長大的孩子，懂得感恩。
接納中長大的孩子，懂得去愛。
認可中長大的孩子，喜歡自己。
賞識中長大的孩子，會有目標。
分享中長大的孩子，慷慨大方。
誠信中長大的孩子，理解真理。
公正中長大的孩子，極富正義。
尊重中長大的孩子，懂得尊敬。
安全中長大的孩子，不但信任他人，也信任自己。
友善中長大的孩子，自覺身在一個值得生活的美好世界。

這首詩分為負面及正面兩種環境，產生的結果也天差地別。負面環境使人偏向責難別人、與人爭吵，常常憂慮、遺憾，個性羞怯，容易有妒嫉及罪惡感。正面環境使人深具自信，能夠忍耐、感恩，懂得愛別人及喜歡自己，有目標、慷慨大方，理解真理及富於正義感，懂得尊敬、能信任他人與信任自己。

所以現代孟母要注意自己為兒女營造的環境，是負面抑或正面？正面的環境蘊含很深的「教育理念」與「身教」，若不能徹底理解鼓勵、寬容、稱讚、接納、認可、賞識、分享、誠信、公正、尊重、安全的意涵，就無法正確「實踐」。

年輕的你，在不滿意父母的同時，更要自我勉勵將來為人父母時「不要犯相同的錯誤」，現在就要好好學習正向的溝通技巧。

第二節 大學生與家人的衝突

2013 年 3 月有一則受到矚目的社會新聞：某博士候選人返鄉開雞排店，鴻海集團董事長郭台銘批評浪費教育資源。後來這位博士生接受某雜誌專訪（宋耿郎，2013），大家才知道他的苦衷進而諒解他。原來他自小就誤解「口才」的意義，才與家人產生嚴重的溝通裂痕。

一、家人關係破裂的原因

這位賣雞排的博士生從小讀資優班，之後順利考上明星高中與頂尖大學，卻變得愈來愈自負，讀法律系後更成了「鬥雞」，他說：「口才變得更好，卻不是用來溝通，而是好辯，一開口就要找出對方的漏洞、講到贏。」使老婆「實在難以忍受」，覺得他「說話傷人不是傷到皮、肉，是傷到骨」，堅持與他離婚並帶走三個兒子。

經過這次重大挫敗他才明白，自己其實「不會溝通」；為了學習溝通，他去當房屋仲介、參加教會活動以及賣雞排。客人都說他很親切，朋友也說他比以前友善，就連向來怕他的大兒子也說爸爸變好了。

親子之間的關係最為親密，但溝通不良的傷害也最深、最廣、最久。小駿說：

> 「從小我就感受不到『父愛』，父親的個性難以捉摸，『心情好』時像個『童心未泯』的大孩子，若不小心踩到他的地雷就活像『神經病』。我算是在一個『精神家暴』環境中長大的孩子，在我眼裡父親只懂得『賺錢』，根本不懂得怎麼表達『關懷』。
>
> 十五歲那年父母為了什麼事起爭執已記不清，只記得那晚『乒乒乓乓』砸碎

了許多玻璃杯。父親發完神經後騎著摩托車不知道跑去哪兒『散心』，母親則收了行李『毅然決然』帶著我和弟妹離家出走。」

我常去學校為家長演講「親子溝通」的課題，發現不少家長與兒女溝通時還停留在傳統「上對下」的權威方式，以命令、指揮口吻直接下指導棋，很難「平等」與孩子對話或多給孩子空間，很少鼓勵孩子發言或「不評論的」傾聽。親子溝通不良，父母多半認為孩子被朋友帶壞、沉迷網路等，彷彿父母永遠沒有問題，也因此找不到打開孩子心門的「通關密語」

為什麼孩子「不肯聽」或「不相信」父母的話？是青少年階段的耍酷或叛逆？還是覺得父母的想法不合乎時代？或不喜歡「被迫」要聽父母的話？

我的長子 20 歲想考汽車駕照，剛開始我很反對，擔心他開快車或精神不濟危險駕駛。正好遇到世新大學的李振清院長，他極力勸我讓兒子考駕照。他說，父母應信任成年子女足以擔負「小心駕駛，維護其他道路使用人安全」的責任。答應孩子考駕照的好處很多，既尊重及信任他，也加強了他的責任感以及對其他用路人的同理心。

二、家人衝突的損傷

國人有「養兒防老」的傳統觀念，認為孩子長大後理所當然要聽從與回報父母。然而親子關係若變成「付出－回饋」的模式，後果會如何？有一則社會新聞：「培養牙醫值多少？母向二兒討學費」（劉峻谷，2013）。一個母親覺得兩個當牙醫的兒子對她不孝，憤而提告並各求償九百萬元（原求償五千萬元）。臺灣高等法院判決次子要還媽媽一百七十八萬元，長子部分還在調解，依據的是母子曾經簽訂的契約。

婦人哭訴，為了讓兒子考上醫學院，她為他們付出非常多，天天做飯由司機送到學校，還有消夜，花錢讓兩人補習重考多年。考上牙醫系後還租了一棟透天厝讓兒子和女友住，聘女佣煮飯給他們吃，每人送一輛車。不料兒子在女友慫恿下不與她來往。她擔心日後兒子棄她而去，才要求兒子簽下歸還扶養教育費的契約。

次子說，他十六歲就簽過一份清償四年補習費的契約。之後法院計算他就讀醫學院七年學費、每月零用錢及平均生活標準，扣除已還給母親的四十六萬元，還要還一百七十八萬八千餘元。

另一則社會新聞：「教授媽告恐嚇，台大兒：母揮菜刀」（張宏業，2012）。母親認為就讀臺灣大學的兒子出言不遜，甚至揚言殺她，要警方依恐嚇罪現行犯逮捕兒子。兒子則說，母親多次拿菜刀作勢要砍他；同為教授的父親夾在中間，痛苦又無奈。檢察官要兒子尊重母親，不必為小事鬧上警局；但兒子說母親為了小事報警將他帶走，讓他「一整天都沒念書，實在氣人」。他說，「父母已分居，決定搬出去跟父親住」。

這個臺大生小學五年級時因打電動沒幫忙做飯，母親就叫警察到家裡對他訓話，揚言把他「關到死」。國中畢業時他考上五專，母親更不滿；後來，他終於考上臺灣大學，但母子關係並未好轉。

看到這些親子互相控訴的悲劇，實在令人心寒。還有些親子反目而欲置對方於死地，更是令人不勝唏噓：「家暴回憶成夢魘，男大生預謀殺父」（何炯榮，2013）。某男大生砍殺父親十五刀，導致父親流血過多死亡。他自首時坦承，半個月前即計畫殺父替母出氣。從幼稚園起，就常看到父親酒後辱罵母親、拳打腳踢，家暴陰影使他在離家到北部念大學還常在睡夢中驚醒，他實在無法原諒父親。

親子關係有問題，還會殃及手足之情。有個大學生淚漣漣地向我描述她和妹妹的惡劣關係，她們只要一見面就會爭吵，還打過架。妹妹氣父母偏心，不滿姊姊獲得的永遠比她多。我提醒這位女大生：「姐妹倆從不曾有過美好時光嗎？」她想了一下說，有一次她回家時順便給妹妹帶了一杯她喜歡的飲料，妹妹那天的心情就不錯。我接著再說：「妳今天的圍巾非常好看，想過買一條送給妹妹嗎？」她說，妹妹也讚美過這條圍巾。下一次上課時，她很高興的告訴我已買了圍巾送妹妹，那天姐妹間第一次可以聊得很久。

第三節 大學生如何增進家人關係

不少父母溺愛孩子而不自知，結果「愛之適足以害之」，孩子在過度保護之下限制了能力的發展；亞太文化創意協會理事長陳立恆（2013）曾說：

「一個剛畢業的男孩，到公司來應徵工作。一進門來，沒有任何的寒暄禮數，就逕自坐在待客室的沙發上，後面緊跟著他的父母，將辦公室上上下下探詢一遍後，提出的問題無非是關於待遇、工作量、加班狀況等。

男孩本身是否才華洋溢，我無從知曉，畢竟任何頭腦清楚的企業主，都不可能錄用他。我只能惋惜，這樣美好的少年還來不及飛揚，從本質上就開始頹唐了。

這名男孩的父母最大的問題，不在於過度保護溺愛，而是連最基本的敬業樂群都不知教導，唯獨計較表淺的個人方便愛惡。」

父母若真正愛護孩子，就該依孩子不同年齡與身心發展的狀況，給予不同的關注方式及不同的親密程度，不能一成不變，甚至以未成年的方式對待成年子女。

以大學生來說，若你希望父母真正放手讓你處理事情，不要事事干涉，如：生活作息、參加或投入的活動、未來的生涯抉擇等，或希望親子間不要過於緊密，給你更大的身體與心理空間，如：回家時間、與朋友到外地玩、搬到外面住、出國旅遊或當交換生等，就要主動及持續與父母溝通，以實際行為與結果證明自己負責任的態度。父母看到自己的行動不盲目、虎頭蛇尾、有正確判斷，才能讓他們真正放心與放手。

反之，如果你的生活作息不正常、花錢太多、房間不整理、經常蹺課、沉迷網路而不睡覺、交友複雜、打工時數過多……，這些令人擔心的行為無怪乎父母不能信任你而必須繼續管束你。尤其是你充耳不聞、屢勸不聽、不服氣的態度，更會引爆親子衝突。

一、父母如何增進與大學生子女的關係？

父母若希望與孩子無話不談，希望孩子了解父母的心意以幫助孩子建立自信、積極態度，就要改變自己與子女的溝通方式，如：

- **增加親子互動的時間**：每天與孩子「交談」的時間有多少？若因工作忙、孩子補習或不習慣交談，就錯失了親子互動與了解的機會，無怪乎親子間愈來愈疏離。
- **多與孩子商量，聽聽他們的想法**：如果家裡發生問題，如父母爭吵、單親或隔代教養，就要讓子女知道事情的發展、了解父母的心情，同時要考慮孩子所受的影響與感受，詢問孩子的意見與建議。
- **父母的情緒控管**：如果父母情緒失控、大發脾氣、對孩子吼叫，就無法理性、心平氣和的處理孩子的問題。可怕及可惜的是，孩子也學到這種錯誤的情緒宣洩方式。
- **尊重孩子的決定**：許多父母停留在只要「成績好」就不會有問題的思維，因此親子間常起爭執。其他如：網路使用、生活作息、金錢花費等，若父母一直不信任或無法尊重孩子的決定，即使孩子讀大學了，仍會隨時點燃親子戰火。

上述親子溝通的習慣應從孩子讀小學到大學始終如一，親子間才會愈來愈親密。

二、大學生如何增進與家人的關係？

大學生已經不是小孩子了，不能再當「媽寶」，要主動及設法增進家人關係；尤其是離家到外縣市讀大學，與父母的相處時間更少。增進親子關係的方法很多，可做的事如下：

- 經常或固定時段與家人共同用餐及談心。
- 經常或固定時段打電話給家人報平安及分享心事。
- 參加較長時間的家人活動，如與家人一起出國旅遊。
- 為家人慶生或過節（父親節、母親節）。
- 經常或固定時段寫信、寫卡片給家人。
- 幫父母做家事、陪同買菜或上大賣場購物。
- 有困擾時向父母請教或商討。
- 送小禮物或特產給父母。
- 幫父母按摩舒壓。
- 與父母談談自己的生涯規劃或夢想。
- 聽父母話當年或陪他們來一趟尋根之旅。
- 與父母一起參加他們的同學會。
- 關心父母的身體與心情，提供自己的想法與建議。
- 了解家中的困境，為父母分憂解勞。

溝通的細節與小撇步

仔細觀察你的同學如何與父母溝通？有沒有特別令你佩服的楷模？去訪問他們，問問他如何與父母維繫情感，以及若與父母有重大的不一致或衝突，他們會怎麼處理？

補充教材與課後自學

電影片名：別告訴爸爸	主要演員：鄭雄仁、俞承豪、蔡敏瑞
發行時間：2004	發行地：韓國
探討主題：父母責任、親子關係	
內容簡介	還是高中生的安拉（蔡敏瑞飾）和崔松（鄭雄仁飾）在酒吧認識，不久安拉就懷了崔松的孩子，但安拉的父母不能接受這個孩子，為避免孩子成為孤兒，所以她將孩子送給崔松，自己則出國念書。崔松在不知情的狀況下，在學校意外收到快遞送來的一個男嬰，無奈之下只好負起養育兒子崇文的責任。雖然他的工作環境不佳（擔任酒吧主持人及反串藝人）、生活十分艱辛，但崔松非常疼愛孩子，隨時帶著崇文，父子感情極深。 九年過去了，在夜總會長大的崇文，儼然像個小大人。這時，從國外回來的安拉意外遇見了他們父子。曾經的戀人是否會因重逢而將感情挽回？ 其實，崔松非常生氣安拉拋棄兒子，不能原諒安拉。為了保持兒子心目中母親的天使形象，崔松騙兒子母親早就過世，所以他希望安拉不要再來看孩子。但崇文還是知道了事實真相，母子親情也無法割捨（其實安拉早已後悔自己當年的行為），幾經波折後，最終得以一家團圓。
值得一看	1. 看來十分老套，甚至是幼稚、不負責任的戀愛故事。但那麼年輕的時期，願意放棄自己的享受與自由而承擔起「父親」的責任，就很令人感動。片中的年輕爸爸崔松，仍是個負責任、能吃苦的慈父。其實這個年輕爸爸，一樣可以放棄孩子的。 2. 誰說只有母性是天性，其實父親一樣可以照顧孩子，讓孩子獲得足夠的愛。滿足孩子的需求時，精神的價值永遠高於物質。
思考討論	1. 像片中崔松這樣的爸爸，是否不太可能在現實環境中出現？ 2. 在孩子最需要的時候絕不放手就是好爸爸、好媽媽，你同意嗎？

<table>
<tr><td colspan="2">電影片名：最後的嬉皮（The Music Never Stopped）</td><td>主要演員：朱麗亞奧蒙德、J.K.西蒙斯、盧泰勒普奇、米婭梅斯特羅</td></tr>
<tr><td colspan="2">發行時間：2011 年</td><td>發行地：美國</td></tr>
<tr><td colspan="3">探討主題：家人關係與衝突處理</td></tr>
<tr><td>內容簡介</td><td colspan="2">亨利（J.K.西蒙斯飾）和兒子賈伯利（盧泰勒普奇飾）同樣喜歡音樂，但喜歡的音樂風格迥然不同。賈伯利尚未大學畢業時，因與父親政治立場不同而導致親子嚴重衝突，賈伯利離家出走後再也沒回來過。二十年後，賈伯利流落街頭，因腦部腫瘤動切除手術，他失去了對剛發生事件的記憶，他的記憶永遠停留在 1968 年。
為了重新走進兒子的世界，亨利邀請研究腦瘤與音樂專家黛安（朱麗亞奧蒙德飾）治療兒子的病情。黛安發現賈伯利對早期的的搖滾樂仍然有感知，但這種搖滾樂對六十多歲的亨利來說簡直不能接受，為了與兒子溝通，他開始研究 60 年代所有的搖滾樂團。當亨利願意打開自己的心房接納兒子的音樂，他自己也感到無比的快樂。
亨利甚至打電話到電台答題，爭取兒子喜愛的樂團演唱會門票。65 歲的亨利陪著活在 20 歲記憶的兒子一起去聽搖滾樂團演唱，音樂很吵、從頭到尾還要舉起雙手站著搖滾（不顧自己有嚴重的心臟病），此時兒子對他說：「爸，你是最棒的！」
不久亨利死於心臟病，但賈伯利也終於恢復了記憶力。……</td></tr>
<tr><td>值得一看</td><td colspan="2">1. 本片獲得奧斯卡最佳影片、最佳男主角及最佳改編劇本多項提名。
2. 當亨利的妻子表示，後悔當年沒有說什麼話來挽留兒子，才使孩子離家出走甚至生病。她批評亨利太頑固，已非當年的他了。亨利聽了這番話，深切的反省與懺悔，願意為了與兒子溝通而把自己的舊唱片交換兒子喜歡的搖滾樂，並重新學習搖滾樂，包括自我成長以及虛心向兒子請教。
3. 從一個凡事要兒子服從的父親，變成能承認兒子「你是對的」，從此父子暢所欲言、無所不談。</td></tr>
<tr><td>思考討論</td><td colspan="2">1. 是否西方的母親較勇於表達自己的感受、採取自主的行動，包括批評與離開配偶？
2. 是否西方的父親較能放下面子，認錯與反省，較能為了孩子而改變自己？
3. 東西方父母都有權威、固執的一面，但東方父母是否更難放棄權威？
4. 你是否相信，不論基於父性或母性，父母都願意為孩子付出一切？</td></tr>
</table>

動畫作品：有頂天家族（原名：有頂天家族）	原作：森見登美彥；導演：吉原正行
發行時間：2013 年	製作公司：P. A. Works
探討主題：父母責任、親子關係	
內容簡介	有頂天是佛教用語，原指三界最上方的天，引申為狂喜亂舞、得意忘形。京都自古以來其實是由人、狸貓與天狗三界組成的社會，只是狸貓以變身能力混跡在社會之中。京都狸貓一族的名門——下鴨家，在家主總一郎被人類組織星期五俱樂部捕獲變成狸肉火鍋後，留下尚未成熟的四兄弟和衝動易怒的妻子，支撐著家道中落的下鴨神社。 老大雖然個性認真，盡力撐起家族，但一緊張就會手足無措；老二把自己變成了青蛙，成天窩在井底不肯出來；老三雖然聰明能幹，但更喜歡做一個無所事事的旁觀者，偶爾還會惡作劇搗亂；四弟年幼膽小，一緊張就藏不住尾巴，原形畢露。不靠譜的四兄弟，面對天狗們的嘲笑、同宗家族的明爭暗鬥，能否保護母親、重振宗族？2008 年，本片是日本書店店員最推薦的小說改編成動畫，告訴京都的人類、狸貓與天狗，如何使人生變得更有趣！
值得一看	1. 被稱為「丟盡下鴨家的臉」之四兄弟看似都有缺點，無法承繼完美的父親。所以在父親死後有些自暴自棄，老二、老三只做自己的事而不關心家業，老四甚至去敵對氏族的工廠打工。只留下老大苦撐，卻始終信心不足，認為弟弟們若認真起來絕對比他厲害。在「一代不如一代」的偏見下，到底長者們有沒有認真看待下一代呢？下一代的不可理喻只是跟上一代的代溝，上一代也要認同年輕人的新想法，年輕人同時也要學習長者的智慧與人生經驗。其實狸貓四兄弟剛好分別繼承了父親「謹慎」、「悠閒」、「樂天」與「勇敢」等四項優點，四人合力絕對可以支持下鴨家，就看自己的成長以及與上一代的溝通。 2. 即使子女已長大成年，漸漸離開家裡，父母還是要時常與小孩談心。
思考討論	1. 如何坦率的與父母溝通自己的前途？如何吸取父母的人生經驗？ 2. 如何安排與父母相處的時間，不因忙於個人事務而喪失家庭該有的溫暖？

Chapter 9 愛情的開展與磨合

聽聽大學生的心裡話

我高一就有男朋友了，在大學交往的是第三個；但我覺得自己常「重蹈覆轍」，與前任男友相處的問題到了下一個又重複出現。難道我得到的教訓還不夠？為什麼總記不住「痛的感覺」？有人羨慕我「情人節總是不寂寞」，我更羨慕他們擁有「簡單的快樂」。

愛情帶來的快樂與痛苦都很強烈，「轟轟烈烈愛一場」的同時，也該想到「愛的感覺沒有了」如何好聚好散？分手若是處理不好，可能造成無法彌補的傷害或一輩子的遺憾、陰影。

愛情的開展對某些人來說好像很容易，對某些人卻很難；其實兩者都令人困擾。前者因為來不及踩剎車，太快陷入或退出愛情，而造成或多或少的傷痛；後者則因考慮太多或被動，以致於幸福的機會一再流失。

某些表現可能會扼殺或減損愛情，如：爭吵、懷疑、控制或依賴。在愛情中這些可能避免嗎？若不是很在乎對方，怎會有猜疑或缺乏安全感的情形？如果是真愛無論怎樣磨擦或衝突，也能通過愛情的考驗吧！但，這些「理所當然」的想法真的正確嗎？

愛情與麵包要兼顧嗎？如果戀愛的對象沒有穩定的工作、好的前途，就不可能幸福嗎？父母常以這種理由反對我們交往的對象，但我覺得只是談個戀愛而已，沒必要擔心那麼多吧！如今「晚婚」甚至「不婚」已成趨勢，因為不相信愛情可能維持得那麼久（所謂「白頭偕老」）。

第一節 什麼是真愛？

1986 年耶魯大學心理學家史坦博格（Robert Sternberg, 1949-）提出「愛情三角形」（triangle of love）理論，主張「圓滿的愛」應包含三個「邊」（元素），即：

- 親密（intimacy）：一種心靈的投契，願意與人分享自己所擁有的事物，提供對方情感上的支持。
- 激情（passion）：相處時覺得快樂溫馨，分離時會強烈思念，覺得對方很有吸引力。
- 承諾（commitment）：確定雙方的關係後，給予長期相守的承諾。

親密、激情與承諾這三者若不完備，就是「不健全的愛情」，使人忐忑、猜測、焦慮，無法感到踏實、安心。

大學階段可能擁有圓滿的愛情嗎？大學階段的戀情可能三者俱足嗎？當愛來的時候，除了生理的「激情」之外，若無法藉由溝通克服種種有形及無形的差異或衝突，即可能因人生方向漸行漸遠而無法建立心靈的「親密感」。

至於最容易說出口卻最難印證的「承諾」，「愛的誓言」能夠輕信嗎？在〈動不動就說愛我〉（芝麻與龍眼演唱，林秋離作詞，熊美玲作曲）這首歌中：「動不動就說愛我，誰又量過愛多久，才能當作一生的承諾。」如果給予承諾的人無法負責，聽到「甜言蜜語」的人就要清醒，如〈親愛的那不是愛情〉（張韶涵演唱，方文山作詞，周杰倫作曲）這首歌：「你說過牽了手就算約定，但親愛的那並不是愛情。……太美的承諾因為太年輕，但親愛的那並不是愛情。」

即使昔日「從一而終」的時代，羅大佑作詞、作曲、演唱的〈戀曲 1980〉仍誠實的說：「妳曾經對我說，妳永遠愛著我。愛情這東西我明白，但永遠是甚麼？……妳不屬於我，我也不擁有妳，姑娘世上沒有人有占有的權利。」儘管不是所有愛情都如此悲觀，但至少應該知道「天長地久」是責任而不是浪漫；沒有足夠的誠意與能力，就不要輕易說出「永遠愛著你」。

愛情中有不少問題需要充分溝通，以尋找解決的辦法或建立共識。阿丁說：

「現在『離婚率』那麼高，我覺得和『女權高張』有關。女性擁有『社會地位』，不再『以夫為貴』時，很容易走上『離婚』之路。我的母親原本是一間大公司主管的秘書，有優沃的薪水，但是為了家庭和孩子，她毅然放棄事業，做一個全職的家庭主婦。為了這個家，她犧牲了自己的青春、朋友、事業、自由，甚至是學習和成長的機會，讓我爸爸無後顧之憂，能在事業上全力衝刺。」

阿丁希望自己將來的妻子也能像母親一樣，為了家庭和子女而犧牲自己的事業或人生目標。但「男主外，女主內」的傳統分工隨著社會變遷已遭到考驗，如今夫妻雙方都有追求事業的權利，也都需要承擔養兒育女的責任。所以，分工恰當、達成共識，才能擁有真正的幸福，不能單向要求女性照著男性的期待去做。

其他如生涯規劃、姻親相處、金錢支配，以及婚後與誰同住等重要的事，都要在戀愛階段開始討論。這些是父母那一輩的傳統婚姻不會考慮且早有標準答案的事，卻是今天離婚率日高，愈來愈多人不願踏入婚姻的關鍵。若未先想到而與對方好好溝通，屆時可能引發更大的問題。若對方拒絕討論，代表這段愛情可能經不起考驗。

戀愛中的溝通障礙

如果戀愛時已溝通不良，婚後可能變好嗎？恐怕是幻想！還是婚前「及早」建立有效的溝通模式比較實際。小敏說：

「我與男友交往很久了，可是感情不穩定，我們經常吵架。大部分時候是我單向說出自己的想法，他不能接受時就跟我吵架。我們讀的大學性質不同，生活圈及價值觀也不一樣。我曾想把他改變成我要的樣子，但事後想想，覺得這是不對的。所以，還是希望透過『溝通』來達成共識。」

大學生談戀愛，常不由自主的「參照」父母的溝通模式。然而，真的值得仿效嗎？秀秀說：

> 「我的爸媽個性相當不同，媽媽急性子且有主見，爸爸性子較慢而且隨和。小時候我常問：『個性差那麼多，怎麼會結婚？』他們總是說：『沒有人完美，若滿分是十分，一個人有五分，兩個人合起來就是十全十美。』但，我發現爸媽因為個性不同而常吵架，媽媽常受不了爸爸而生氣。兩個不同個性的人，當初必定是看見自己沒有的優點而欣賞對方，相處之後為何不能使之融合？經過幾年的磨合，雙方的優點皆能互相影響，不是很好嗎？」

秀秀看到爸媽因興趣、休閒、嗜好不同，常常各自行動。每天早上爸爸一個人去運動，每到假日媽媽一個人去逛街、買手工藝材料、跟同事聚會。秀秀覺得自己受不了凡事不能跟另一半分享的日子，所以將來不會找性格相反的人當伴侶。與其用兩個五加起來變成十，不如找兩個一樣的數字，也就是志趣相投的人。秀秀覺得自己是個理性的人，她覺察到父母的溝通障礙，所以不希望重蹈覆轍。

戀愛時雖然志趣不合，卻可能「偽裝」或「遷就」對方，或樂觀的以為「差異」不致於影響愛情。差異不大且能彼此尊重，這段感情應可維持，若差異過大到了幾乎「各行其是」，就不該再自我矇蔽，以免悔不當初。

阿昌自認理性，不會被愛沖昏了頭。面對與女友的歧見都能以溝通化解，並自以為處理得很完美。但在幾次跌跌撞撞的爭吵之後，阿昌發現不是將是非對錯說清楚就算解決問題，還要處理情緒的問題。只要一方的情緒不穩定，即使講得再清楚，對方的耳朵仍是閉上的。

情侶間的溝通與一般人際互動的原理相同，需要自尊尊人。就算自己較有道理，也不可傷害對方的自尊。要鼓勵對方分享自己的想法、感受與立場，並聆聽及同理對方。

第二節 愛情中的理性

我在大學開設「情愛溝通」這門課，剛開始學生都「不相信」愛情當中能有理性的成分。對於愛情充滿浪漫想像的大學生認為，理性過多還是愛情嗎？愛情的本質不就是充滿感性嗎？我不想與他們「繞口令」，只提出下列「事實」，強迫他們思考與討論。

一、戀愛時是否過於緊密？

戀愛時總希望時時刻刻都是兩人世界，不知不覺就與朋友疏遠了，也忽略了自己的課業。甚至「以私害公」，擔誤到小組的作業或社團活動，如：有些情侶選課時會在同一組，他們所交的作業不符合規定時，小組長會要求修正及補交，他們不但拖拖拉拉、不甘不願，之後還上「臉書」大罵組長，卻未自我反省。

熱戀時通常不會覺得彼此過於緊密，也無法覺察其中的缺失。等發現對方過於依賴或過度控制，疑神疑鬼或限制你的行動時，想脫身已來不及了。

就算自己很喜歡兩人世界，除了上課、打工外，其他時間都想跟對方在一起，話題也都繞著他（她）轉。若對方不喜歡如此，你可能會莫名的受傷或委屈，不知道自己做錯了什麼。

人際之間即使親密也應有所「界限」，包括身體及心理兩部分。每個人都有使用自己身體做某事的權利與能力，也有保護自己身體的義務。狹義的「身體的界限」是指能夠忍受別人碰觸的限度，每個人根據自己的個性及成長背景自定特有的身體界限，同時也不可質疑別人身體界限的尺度；尊重別人的身體界限，是一切尊重的基礎。

每個人對自己的心理部分（如思考、情緒與行為），也有同樣的管理權利、能力與義務。要維護自己的心理界限，同時要尊重別人的心理界限。關係再親密也無權決定對方要跟誰來往、參加哪些活動，或必須陪伴自己出席某些活動。

二、是否可以同居？

大學階段同居是不是明智之舉？戀愛不久即想搬進對方住處，表面上是照顧對方，但忙碌的大學生活，使愛情的甜蜜與牽掛成為愈來愈重的負擔或牽絆。

若男（女）友留宿家中甚至搬進來住，適合嗎？該怎麼與父母溝通？若父母堅決反對，可以直接與男（女）友搬出去同住嗎？或不讓父母知道自己正和男（女）友同居，這樣的作法妥當嗎？太常待在男（女）友家中，會否引起對方父母的反感而不利於戀情發展？

萬一懷孕了找誰求助？因為男女雙方的經濟條件及教養能力不足，極可能「草率的」墮胎；即使「奉子結婚」，仍是勉強、殘缺的結合，之後離婚與單親教養的可能性極高。所以，大學生須冷靜思考要不要嘗試同居？分開住對感情的發展也許較為有利。

三、禮物的價值是否代表愛情的深度？

有一則社會新聞：為了送名牌包討女友歡心，竟到購物中心行竊及盜刷信用卡。這名二十多歲的嫌犯被抓時，已犯案八次以上。

有人追求你，若經常送禮物且禮物愈來愈貴重，該怎麼辦？若堅持不收，對方責怪你不通人情、不懂得做人的道理。若收下，分手時對方要求你退還所有禮物或賠錢，又該怎麼辦？禮物既已送我，為什麼還可以要回去？這就是愛情的弔詭，對方不僅要收回愛，也要收回象徵愛情的所有東西。

你可藉此思考，是否誤解了愛情與禮物間的關聯。你替男（女）友親手做吃的、喝的、準備小禮物，甚至在大小節日買禮物送給男（女）友的家人，就代表你對他的愛嗎？若對方沒有這樣做，你會否覺得他不夠愛你？

若你是送禮物的一方，對方以禮物價值來衡量你對他的愛，難保有一天，對方不會為了獲得更好的禮物而投入別人的懷抱。禮物可以是愛的表達，但不等於是愛；真愛還有其他更豐富的蘊含。

四、「打是情，罵是愛」嗎？

如果你們每次見面都會吵架，常常想是否應該分開，就這樣真真假假的爭執、經常的分分合合。吵架時，因痛苦不堪而口口聲聲說絕不原諒對方，但不久就低頭向對方道歉及和好，之後愛得更加濃烈以證明無法與對方分開，這樣的愛情健康嗎？

也許在文藝小說中情緒化的言詞與行為，可製造似愛非愛的懸疑或撕裂心肺的苦戀。但現實生活中不可能總是歇斯底里或動不動就嘶吼、決裂。要不要繼續交往下去，還是應該理性思索或彼此冷靜的長談，不可兒戲與反反覆覆。

五、要訂「婚姻契約」嗎？

婚前就應有性別平等觀念以打破性別角色的刻板印象，也要突破生涯規劃之性別限制，學習與不同性別者平等互動且能展現自我，不受性別限制而不敢表達自己的意見和感受，了解家庭的分工不受性別影響而有差異，認識家庭暴力及求助管道。

現代婦女基金會因應《民法‧親屬篇》修正，製作新版「結婚證書」、「婚姻契約」。其實夫妻之權利義務關係在《民法》中已有詳盡規定，不一定要簽立婚姻契約，但多了白紙黑字可以講清楚寫明白，做為日後爭執時的依據。臺灣的婚前協議書內容大致為：

- 夫妻姓氏問題：各自保有姓氏或冠其夫或妻之姓氏。
- 夫妻之住所：婚後選擇之居住所，若有需要應討論及同意與公婆或岳父母同住。
- 夫妻財產制：婚後可選擇財產上法定或約定制。
- 家務分工：家事的分配，原則上應雙方互助協助。
- 家庭生活費：婚後各項生活支出與子女教育負擔，由一方全額負擔或平均分擔，亦可依照雙方薪資的比例來分配。

- 自由處分金：零用金的使用分配，目的在於保護經濟較為弱勢之一方。
- 子女姓氏：可協議子女從父或母姓。
- 對未成年子女監護權行使限制：若一方對子女不當體罰、遺棄，有利用子女犯罪等侵害子女權益行為，為保障子女成長環境，可依此條款限制對方行使。
- 違反貞操義務及發生家暴事件時的精神賠償：一方與他人通姦、家暴事件等違反婚姻忠誠義務、破壞生活和諧並侵害另一方權益。

當然，婚姻之幸福與否，還是需要用心經營。如范瑋琪的歌曲〈最重要的決定〉（姚若龍作詞，陳小霞作曲）最後一句：「因為幸福沒有捷徑，只有經營。」

第三節 愛情的增溫與降溫

友情若未好好經營，也會轉淡甚至崩解，愛情更是如此，例如：唐朝大詩人白居易的詩《花非花》：「花非花，霧非霧。夜半來，天明去。來如春夢無多時，去似朝雲無覓處。」愛情來的時候覺得世界無限美好，為何在失去的時候，曾經美好的事物卻瞬間變得醜惡？

一、如何分手？

分手時會痛徹心扉，是因為把愛情看得太神聖、太偉大，以為對方「能夠」以及「必須」做到「永遠愛你」的承諾。於是，失戀時不免質疑愛情是虛假的，自己是受騙、受害者。但孫燕姿所唱的〈開始懂了〉（姚若龍作詞，李偲菘作曲）其中說：「愛情是流動的，不由人的，何必激動著要理由。」

你自認能夠信守愛的諾言，所以很難接受「愛說沒有就沒有」的現實。昨天還很愛，怎麼今天就不愛了呢？但你不是他、他不是你，你們的感受無法替換。在今日「速食愛情」之下，由於相處的時間太短，常常根本還不認識對方就已面臨分手的結局。分手後要靠自己選擇下一步的心情與行動，如〈開始懂了〉這首歌的最後一段：「用心酸微笑去原諒了，也翻越了，有昨天還是好的。」不但要「珍惜」昨天，還要創造更燦爛的明天，因為「但明天是自己的，開始懂了，快樂是選擇」。

其實你愛上的是你認為很愛你的人，或說因為他很愛你所以你以為自己很愛他。因此，失戀只是失去一個沒有弄清楚「真愛」的人。再思考一下，你自己弄清楚「真愛」了嗎？如果是，如林憶蓮的歌曲〈傷痕〉（李宗盛作詞、作曲），應把美好的自己「留給真愛妳的人」。

蘇打綠樂團有首歌〈再遇見〉（吳青峰作詞、作曲）：「忽然之間，你忽略的、我忽略的所有細節，當初的猜疑好奇、愛恨痴嗔卻已走遠。」相愛容易相處難，熱戀時對於某些小細節覺得無所謂，其實就是這些才使得彼此疏遠、受傷導致分手。所以雙方都要負責任，指責對方並無濟於事。分手後與其悔不當初，不如努力往前、認真生活，積極的規劃未來，最重要的是感謝對方給自己成長的機會。如〈再遇見〉最後所唱：「而我，在離開你之後，不斷往前飛」，將危機化為轉機：「一念之間，想對你傷害我的一切，說聲謝謝……。」

二、危險情人

戀愛時要求對方給予永恆的承諾，其實是件「不切實際」、「不合邏輯」的事。其實任何一方都可以在發現「分開比較好」時提出分手，但若對方拒絕分手甚至以死相逼，該怎麼辦？

2008 年法律扶助基金會拍攝花蓮地區「家暴防治」紀錄片《最遙遠的愛》，其中一位受暴婦女的案例：婚前她就發現男友有暴力傾向，但提出分手男友竟以自殺要脅，使她不敢離開。一段時間之後她仍覺得彼此不適合，二度提出分手，男友卻說若分手就要殺光她全家人，她只好「冒險」嫁他，並希望他一定要對她好。但好運並未降臨，不離開的結果是長達二十多年受暴的悲慘世界。

由此案例可知，「以死要脅的愛」不是真愛而是恐懼。婦女救援基金會提醒，打人是犯罪行為，被打不丟臉，打人才可恥。

《家庭暴力防治法》於 1998 年 6 月 24 日公布，是為了防止家庭成員間實施身體或精神上不法侵害之行為。虐待分為身體虐待、精神虐待（包括言語恐嚇、威脅、情緒虐待、控制和隔離）、性虐待，家庭暴力為公訴罪而非告訴乃論罪。

家庭成員包括「現有或曾有同居關係」的人，不必是婚姻關係。被害人可向法院聲請通常保護令、暫時保護令。通常保護令有效期間為一年以下，延長期間為一年以下，並以一次為限。暫時保護令是為了保護被害人所為之緊急保護令，得不經審理程序或於審理終結前申請核發。

受暴者在現況未改變前，需要學習自我保護，除了心理上的準備，還要隨時備好輕便提包以便離開，內放現金、提款卡、健保卡、身分證、印章、房契及存摺等重要物品。如果暴力無法避免，應盡量避開家中危險的地方，例如：廚房、浴室、地下室、陽台等，特別要保護自己的頭、臉、頸、胸、腹等主要部位。

但消極的防治只能治標而不能治本，目前的案例大多是家暴發生後的處理。如能積極治本，消除暴力發生的來源、矯治施暴者，問題才能根本解決。更積極的是加強、改善國人對性別平權的認知，以防止家暴發生。

當你被同居人、男（女）友恐嚇或毆打，該怎麼辦？正確作法是撥打求助電話，除家暴及性侵害全國保護專線 113 外，還有內政部家庭暴力防治委員會、各縣市家暴防治中心保護專線、婦女救援基金會等。此外，還要就醫驗傷及報警。

找個值得信任的人商量，他們或許是你的親人或朋友，也可以是你曾經詢問過的社工人員。他們不一定能提供解答，但是透過與他們的談話，可以釐清自己的想法和處境，為自己做出決定。

有暴力徵兆時，趕快想藉口離開，可到鄰居家或外出。雖然有些人的暴力行為事前沒有任何預警，但仔細檢查後會發現，每次暴力來臨前都會有些訊號，如：臉色變得很難看、無理的挑剔、逼著你要錢等，因此要對這些訊號提高警覺。

對大學生而言，家庭暴力的發生不僅是在愛情與婚姻當中，也包括親子或其他家人（含現為或曾為直系血親或直系姻親、現為或曾為四親等之內之旁系血親或旁系姻親），相關的處理程序與態度相同；要懂得保護自己，不因是自己的父母，在「孝道」的壓力之下而不敢撥打「113」專線。

三、愛情重傷害

有人以自殺威脅，這樣做不但喚不回逐漸消逝的愛情，還可能「弄假成真」，斷送自己寶貴的生命。曾有案例，某女大生沒什麼朋友，一次與男友激烈爭吵後，因男方不願復合也不接女生的電話，該女生決定跳河自殺。自殺之前打了兩通電話給男友，也打電話給高中社團同學，但都沒人接，以致於她自殺身亡。社團同學及男友雖有不小的遺憾與創傷，但損失最大的還是自己以及愛她的家人吧！

愛情不一定都如自己所想的真誠及美好，2014 年初報載一名女大生失蹤十個月後被發現早已遭殺害。原來死者因男友劈腿而找法師幫忙，法師又將她轉介給徵信社的黃男幫她尋找男友的新對象。黃男看她迷信、易騙，對她展開追求。女大生的父母病逝後留有一棟房子，黃男逼她把房子賤賣，還騙光她的存款 750 萬元，最後竟將女大生殺害。

感情生變若不知如何處理，應向人求助，最怕的是一時情緒衝動而孤注一擲、走偏鋒。2013 年 10 月報載一名剛入伍當兵的 19 歲男子，認為女友「兵變」，加上金錢糾紛，所以痛下殺機。放假時到女友家中，除將女友勒斃，女友的母親也遭到毒手。他們原是高中班對，大學聯考後男方落榜又沒有工作，兩人交往的花費都由女友支出。女方提出分手時向男子追債，雙方在家長陪同下簽下了償還交往期間娛樂花費九萬元的協議書，讓男子覺得「很沒面子」、嚥不下這口氣。

這類得不到的愛，不僅讓自己痛苦不堪，還可能造成重傷，甚至使對方的家人也莫名遭殃。2014 年 5 月某體育大學大三男生，不滿交往十年的女友提出分手，於凌晨時分帶刀侵入女友家中，先殺死女友阿公，再將女友的爸爸刺成重傷。原來女方家長擔心念體育的兇嫌未來不好找工作，所以不很贊成這段感情；真正分手的原因還是女方覺得彼此的個性愈來愈不合，男友有點事情就不停打電話到處找人，還曾到女方打工的地方鬧事，造成她莫大的困擾。

四、教育的「懸缺課程」——情愛溝通

有人不擅長與異性交往，常採取不恰當的溝通方式以致於造成重大悲劇。報

載苗栗某國立大學男大生因向女生索取電話號碼被拒而殺死對方。遇害的女大生畢業前忙著打包行李，同校一名與她承租同棟大樓的延畢生主動表示幫忙，之後索取電話號碼遭拒，竟憤而回房間拿水果刀瘋狂砍殺女生致死。最高法院因他有悔意，判他無期徒刑。

也許你認為自己沒那麼可怕或糊塗，不會採取過度激烈或極端的方式獲取芳心。但許多人在愛情的道路上仍然十分坎坷，因為學校及家庭多半不贊成太早談戀愛，對於相關問題很少主動提及與詳細指導，同儕的意見也不見得都正確，只能一路自我摸索。

情愛溝通是我國教育上的「懸缺課程」——應教而未教，不宜再「若無其事」的逃避。下列看來很簡單或基本的愛情問題，卻是青春期開始的巨大疑惑。

- 有好感時，如何認識對方？
- 如何交談及了解對方？
- 如何溝通彼此各方面的觀點與作法？
- 如何成功的告白？被拒絕時該怎麼辦？
- 如何拒絕別人的追求？若對方過於激烈或用苦肉計該怎麼辦？
- 如何讓家人認識自己的親密愛人？如果父母反對該如何處理？
- 如何與對方家人相處？如果對方父母反對該如何處理？
- 如何規劃彼此的未來又能不失去自我？
- 可不可以發生親密行為？或不想發生親密行為時如何保護自己？
- 如何和平的分手，且事後仍然能做朋友？

溝通的細節與小撇步

仔細觀察你周遭的同學怎麼與親密愛人溝通？尤其是關鍵時刻如告白、懷疑對方劈腿、分手、與對方家人相處、爭吵等，又如何處理？請訪問他們，看看現階段大學生在情愛溝通上成功的經驗及最大的困擾是什麼？

補充教材與課後自學

<table>
<tr><td colspan="2">電影片名：充氣娃娃之戀</td><td>主要演員：雷恩葛斯林、派翠西婭克拉克森</td></tr>
<tr><td colspan="2">發行時間：2007 年</td><td>發行地：美國</td></tr>
<tr><td colspan="3">探討主題：情愛溝通、一般人際關係、家人關係</td></tr>
<tr><td>內容簡介</td><td colspan="2">害羞內向的拉爾（雷恩葛斯林飾）一向沉默寡言，雖然個性不差，但與親朋好友疏離。某天從不登門造訪的拉爾到隔壁的哥哥家，心花怒放的講到自己剛認識的網友，也是心愛的新女友，一家人滿心歡喜前往拉爾家，要見見拉爾的新女友。
沒想到拉爾的新女友居然是個充氣娃娃，原來是拉爾幻想著充氣娃娃與自己對話。家庭醫生建議一家人先順著拉爾，再了解拉爾出了什麼毛病。拉爾的家人及善良的村民們，企圖用愛與關心來感化他。
他們將拉爾的女友當成真人對待，讓女友一同到教堂做禮拜，給她工作。拉爾在眾人的關愛下日漸開朗，這個充氣娃娃的出現也為小鎮帶來意想不到的收穫。</td></tr>
<tr><td>值得一看</td><td colspan="2">1. 一個怯於與人互動或難以信任別人的人，從充氣娃娃開始學習人際互動及相互照顧，也不失為一個好方法。更令人感動的是，家人為了他，願意配合將充氣娃娃視為真正的人而與之交流。
2. 為了寫實，還特地找了一個無人小鎮（因為要蓋機場，居民都搬走了）。</td></tr>
<tr><td>思考討論</td><td colspan="2">1. 與充氣娃娃或其他不會說話或說「人話」的物品、動物互動，不算是一種可貴、有益的人際互動嗎？
2. 你的家人曾因「愛屋及烏」，也贊成及配合你與其他不會說話或說「人話」的物品、動物互動嗎？</td></tr>
</table>

<table>
<tr><td colspan="2">電影片名：肩上蝶</td><td>主要演員：陳坤、桂綸鎂、梁詠琪、江一燕</td></tr>
<tr><td colspan="2">發行時間：2011 年</td><td>發行地：香港</td></tr>
<tr><td colspan="3">探討主題：愛情的考驗、單戀</td></tr>
<tr><td>內容簡介</td><td colspan="2">著名的植物學家嚴國（陳坤飾）與未婚妻寶寶（江一燕飾）在月島從事研究工作。嚴國因接觸不明植物而中毒昏迷，寶寶和月下老人達成協議，只要嚴國甦醒，她願意用生命來交換。月下老人問：「你這樣做值得嗎？他可能很快就忘了你。」寶寶堅信嚴國不會忘了她，而且覺得犧牲自己來救他十分值得。月老受到感動，他告訴寶寶：「條件是三年內你不能見他，到那時候你就會知道他對你的愛是否不會改變？你的犧牲是否值得？」於是月老將寶寶變成了一隻白蝶。
嚴國醒來後以為寶寶走了，終日消沉，不知道其實化為白蝶的寶寶始終在他身邊；嚴國很喜歡這隻白蝶，為牠做了一間蝶屋。鄰家女孩白蘭（桂綸鎂飾）一直愛慕嚴國，經常去探望並悉心照顧他，但嚴國只把她當妹妹，最後白蘭終於死了心而離家去讀大學。
女記者楊霖（梁詠琪飾）來月島採訪嚴國，她為嚴國的消沉感到焦慮而設法開導，兩人漸生愛意。三年的期限快到時，島上疑似爆發瘟疫，政府部門將居民撤離，但島上全面消毒可能危及其他生物，嚴國不贊成這麼做，他堅持不走，他要留下來尋求一種可以和幽生蝴蝶蘭配種的花粉。</td></tr>
<tr><td>值得一看</td><td colspan="2">1. 導演張之亮曾獲第十二屆香港金像獎最佳導演獎，本片也獲得第十四屆上海電影節最佳影片提名。
2. 這是部愛情童話片，片中沒有激情與情緒激動，一切是理性的好聚好散，單純的愛與承諾。
3. 本片為華語電影界首部奇幻概念的真人動畫電影，主要的精力、時間和龐大資金，幾乎都放在特效效果的製作上。
4. 導演為本片創造了一個風景絕佳的虛幻聖地——星月島。</td></tr>
<tr><td>思考討論</td><td colspan="2">1. 即使所愛的人離開身邊、數年不見，感情仍可能維持不變嗎？
2. 即使所愛的人不告而別，仍能相信過了數年對方並未變心、一定會回來嗎？
3. 愛情中即使遇到其他理想對象，仍能堅守原先的承諾而不動搖嗎？
4. 愛上一個人，不論是「單戀」或「兩情相悅」，若不能繼續下去，能理性的說清楚而好聚好散嗎？</td></tr>
</table>

漫畫作品：失戀巧克力職人（原名：失戀ショコラティェ）	原作：水城雪可奈
發行時間：2009 年	出版社：小學館（日）／長鴻出版社（台）
探討主題：單戀、失戀的心理調適	
內容簡介	就讀西點學校的男主角爽太，從高中開始喜歡大他一個學年的學姊——紗繪子，並在單戀四年後的情人節，送出精心製作的巧克力，卻慘遭拒絕。面臨失戀之苦的爽太，決定到法國學習製作巧克力，目標是成為頂尖的巧克力職人，做出紗繪子最喜歡的巧克力，成為讓她刮目相看的完美男人。然而回國後不久，爽太得知了沙繪子結婚的消息！不屈不饒的男人如何對失戀自我調適，重新開始自己對紗繪子的愛戀。
值得一看	1. 本書跟一般戀愛故事不同的是，它探討戀愛的苦澀與愛情中的勾心鬥角。描寫的愛情並不浪漫，而充滿人的慾望以及為了在一起而互相磨合的部分。女主角紗繪子換男人跟換衣服一樣，總是挑選最帥、最優秀的男人談戀愛。談速食戀愛的她看似輕浮，但在每一場戀愛裡她注重自己從內而外的言行舉止，使自己成為人見人愛的女孩，可以說是處世圓滑。但嫁了一個平凡的丈夫後，反因價值觀不合而被丈夫暴力相向。 2. 男主角爽太雖然認真又專情，但在得不到愛情的期間也與女模特兒組成「單戀同盟」，尋求一時的戀愛慰藉，卻也發現這樣做是自欺欺人。因為自己一直無法放棄，即使婚外情，也想要得到紗繪子。 3. 爽太店裡的員工也有戀愛的煩惱，如爽太回國後對他的「巧克力王子」形象著迷的薰子，看著爽太單戀別人而不能告白，已經三十歲的她要何時才能結婚呢？
思考討論	1. 如何做失戀後的調適？找別的事情轉移注意力並努力充實自己，是逃避還是重振自信？ 2. 戀愛跟婚姻等同嗎？為什麼女主角嫁了一個「穩當老實」的丈夫，反而想重新追求戀愛的感覺？

Chapter 10 領袖的挑戰與素養

聽聽大學生的心裡話

我很羨慕那些擁有領袖特質的同學，看起來頗有「大將之風」。我自己從小就沒擔任過什麼領袖，沒當過班長、社長、總召，只曾被選為小組長，如果小組長也算是領袖的話。

我一面羨慕別人，一面也自我安慰：「不一定要當領袖啊！把自己管好不就行了。」話雖如此，我還是有機會帶領別人一起做事，這時真不得不承認——沒有領袖的樣子，很難贏得別人的尊重與服從。也就是說，**如果看起來不像個領袖，大家就不想服從你；團體成員「各行其是」的結果是：自己盡了全力甚至傷痕累累，團體事務仍是「事倍功半」，甚至「徒勞無功」**。

即使擔任最小的領袖——小組長，都有許多事情不易推動。帶領的組員雖不多，卻也沒有想像中那麼簡單。縱然希望最後有圓滿的成果，組員卻無法按照規劃的進度工作。若組員有自己的事要忙，往往就不聽組長的指揮或拜託。

如果學生時代較單純的課業小組或社團成員都帶不動，日後在職場上，要帶領同事突破與創新，一定更挫折連連吧！

但我相信「勤能補拙」、「熟能生巧」，**領導力可藉由「見習」與「儲備」而增強，就像打預防針可以避免疾病一樣**。事前多了解領導的甘苦及困境，就可先行防範、避免不必要的損傷與負面情緒，也可節省許多時間與心力，更有效的發揮領導力。

我還相信，學習永遠不嫌遲，學習永遠不嫌多，JUST DO IT！

第一節 成為領袖的意義與價值

領袖是什麼？不要只看到領袖光鮮亮麗、有權有勢的一面，卻忘了他們背後的磨練、付出與自我犧牲。

為什麼要當領袖？成為領袖的目的不是為了外顯的榮耀，而是可以藉此幫助及服務更多的人。

一、領袖的意義

國父孫中山先生說：「聰明才力愈大者，當盡其能力以服千萬人之務，造千萬人之福。聰明才力略小者，當盡其能力以服十百人之務，造十百人之福。」如果你不這麼想，或在享受到權力的滋味後就忘了初衷，那麼，領導的障礙一定愈來愈大。

自我中心的人即使隱藏得再好或自以為不是這種人，終究不可能成為一位好領袖，例如：在大學有人很想擔任社團社長也如願以償，但實際運作後卻發現工作負荷很大。當社團工作與個人事務相衝突時，就不願做必要的自我犧牲而直接拋下社團。曾有社長在臉書社團上發了「我期末考快爆了，所以不當社長了！你們加油吧！抱歉！」連交接都不辦理，若非副社長挑起責任、重整混亂局面，這個社團即會終止。所以，領袖必須以團體為重，團體的責任優於個人。

一旦成為領袖，就不能猶疑不決甚至退縮不前。要把自己事務管理好，才能「己立立人，己達達人」，如果自顧不暇，就會妨礙團體前進的腳步。大學生的個人事務不算多，若無法排定事情的先後順序而如期達成，必然會連累到團隊工作的進行。以後進入職場還有家庭及子女需要照顧時，若不懂得適應環境、做好時間管理，就會顧此失彼、蠟燭兩頭燒。所以，領袖必須有效率、積極進取，而且使命必達。

領袖需要有更好的溝通技巧，因為「不可選擇的」必須帶領更多人達成任務，須與不同類型的人分工合作。若停留在抱怨及無助的層次，就表示你還沒有準備好成為領袖。若不能趕緊自我提升，加強與所有成員的溝通、建立團體的共識與默契，就不可能順利達成團體目標，以致領導及被領導雙方均蒙其害。所以，領袖必須善於溝通協調，兼顧團體目標與成員的個人目標。

總之，好領袖不會自滿、固執己見、一意孤行。為了提高自己的水準、拓寬自己的視野，須不斷成長、發展與學習。

二、領袖的價值

因為領袖擁有較大的「權力」，所以對整個團隊的走向以及追隨者，不論是「傷害」或「建樹」均有更為深遠的影響。身為領袖需以大局為重，「格局」及「胸襟」要更寬大。

團隊中執行任何事務不可能一帆風順，出錯時領導者除了要安撫團隊、檢討失敗原因之外，更要承擔責任、安撫下屬的心情，使團隊更團結，聚焦於下一次的挑戰。若一味苛責犯錯的下屬，或要求下屬負起彌補錯誤的全部責任，以後下屬遇事只會「裹足不前」，更不用說主動迎接挑戰、求新求變了。

發現同事間相處不睦，領導者要鼓勵大家理性思考、就事論事，儘量避免「直接衝突」。此時可告訴大家「多想一下」，這並非反應不夠敏捷，而是為了爭取更多時間與空間來解決問題，避免團隊力量的分散或抵銷。尤其在發現團體成員對領導者不服氣時，更要以身作則、主動聆聽反對或懷疑的聲音，親身示範化解衝突的雙贏與合作策略。

領袖要少說多聽，要「用心聽」，並且要秉持「內方外圓」的原則，「三思而後行」。遇到事情不要馬上反應，「初念淺，轉念深」，先停下來仔細找出最佳的問題解決策略，才能避免做錯事而懊悔「剛剛如果換一個方式，那就好了」！

領袖「有心機」不是件壞事，而是為了保護自己以及下屬。「害人之心不可有，防人之心不可無」，領袖要用心維護大家的尊嚴與權益，建立團體的凝聚力與安全感。

地位愈高的人，說出去的話影響愈大，因此領袖對於自己說的每一句話甚至每一個字，都要仔細斟酌、避免錯誤。因為領導者不僅帶領團隊「行動」，更要引導成員建立正確的「核心觀念」。

第二節　領導的困境與挑戰

擔任下屬時很容易看到領導者的問題，如：要求不合理、手段激烈、傷害別人的尊嚴、情緒失控、獨斷獨行、自以為是、拒絕溝通等。若太執著於批判領導者的缺失，會使上下之間明裡暗裡的戰火不斷；其實，自己當領袖時也會犯類似的錯誤而遭下位者反彈。

我讀碩士班時有一次憤憤不平的批評某位主管，賈恩師馥茗先生聽後淡淡的說：「你回去後拿出一個大資料袋，封面寫上：當我成為主管時。以後你每發現別人在領導上的缺失，就用紙條寫下來並丟進資料袋內。等有一天你當上主管，只要不犯資料袋裡別人犯過的錯誤，就算是好主管了。」

職場上的溝通比起國中時當班長、大學時接社團負責人、研究所時擔任研究助理等，需要更多的技巧。我拿到博士學位後開始擔任主管，以為別人應該理所當然應該尊重我的職權、服從我的領導。實際上，他們卻懷疑為什麼「應該」幫助我？且消極抵制我給他們的「額外負擔」。若無法消除他們的疑慮、引發他們的熱忱，並有合理的工作安排，就無法建立領導威信與同事情誼。

溝通與領導能力並不與學歷成正比，菁英階級反而更容易因知識的傲慢、不易放下身段而欠缺耐心與同理心。擔任領導者會面臨很多困境，如：

一、如何讓團隊中的每個人都「動起來」？

有人擔任領袖卻不敢指揮別人，以致於自己很累、團隊成效不彰。阿源說：

「某次，有幸跟許多各行各業的傑出前輩共同舉辦活動，我負責事前的場地清潔。但我的心態沒有轉過來，我做不到『請別人打掃而自己管控全場』，所以工作分配後我也跟著一起打掃。工作結束後，一位前輩帶我到旁邊提醒我：『你應該做的是看哪裡需要支援而去調度人手，以及工作進度的監督與檢查，而不是發現哪裡需要人手就自己跑去做。』」

小組或社團開會時，若沒人表示意見會導致浪費時間、討論沒有效率。所以在會議之前，領袖要提醒團體成員應做好某些準備。

分配工作時有人覺得很麻煩、不想做，這時領導者除了聆聽大家的想法、重新調整工作的項目與份量外，自己也必須做一些犧牲，也就是比組員做得更多，這樣才能建立團隊的革命情感，使組員更有向心力。畢竟不團結、一盤散沙，做任何事情都沒有效率。等大家漸漸進入狀況，體驗到榮辱與共的感受後，原先的厭煩感就會消失。

領袖要多與被領導者互動，了解每個人的背景、經歷與做事態度，設想他們最適合的工作，將「對的人」放到正確的位置上。俗話說「一種米養百種人」，每個人的特質能否發揮，就看領導者能否賞識或激發他們的潛力。「下君盡己之能，中君盡人之力，上君盡人之智」（韓非子《八經》），好領袖能使團體成員自我超越與突破。

二、如何維持團隊士氣、工作熱情？

領袖需要知道團隊的目標並維持熱情，否則幹部忙不過來、活動辦得不如預期，領袖也會受到大家消極情緒的影響而降低熱忱。團隊工作不可能只靠領袖一個人完成，領袖要凝聚團隊共識、激發團體動力，使大家共同完成任務。若領袖缺乏熱情、不關心團隊成員，就算幹部或成員很著急，礙於領袖的職權也不知該如何插手，團隊最終可能崩解。

大學時代擔任課業的小組長或社團幹部，常有的經驗是沒有及早意識到組員或社員士氣低落，沒有及時修正他們的錯誤態度，反而一直羨慕別的小組或社團團結、有活力。直到期末報告或社團成果發表迫在眉睫，才發現團體成員無法掌控、缺乏鬥志，最後小組報告的成績自然不會理想、社團的成果也無法有效展現。

有些領導者仍會慶幸在大學階段就有這樣不愉快或失敗的經驗，讓自己有機會自我檢討與反省，否則未來在職場上發生類似危機損失更大。如果有機會重來一次，領導者應先主動認識組員，留下小組的聯絡方式，小組討論時要鼓勵大家勇於發表意見。不要管其他小組或社團怎麼做，應聚焦在圓滿達成自己小組或社團的任務上。領導者要先點燃自己的熱情，再努力激勵大家的士氣。

三、如何兼顧「任務達成」與「人際關係」？

個性較急或行事積極的人，常會扮演領導者的角色；但積極也可能變成缺點，如急躁或完美主義，會一直催促著組員達成任務卻忽略經營人際關係。阿進說：

「高中時，我擔任一個社員人數近百人的社團社長。當時學校強迫學生參與社團，難免有所謂打混摸魚的社員。我認為此風不可長，要所有社員認真參與社團安排的課程，並有成果驗收；若未達我要求的目標，就必須退社。此話一出，許多社員不服氣，就連幹部也未必能達到標準，紛紛勸我不要這麼的『硬』。但我覺得我是社長，還是堅持執行這個政策，結果幹部紛紛辭職，導致後來舉辦成果展時『開天窗』。這事讓我有很大的挫折感，沒離開社團的幹部也跟我翻臉了。沒人願意完全任人擺布，但血氣方剛的我一意孤行，這就是大家離我而去的原因。」

領袖若因個性問題或過於自信，不喜歡與團體成員溝通、討論。團體事務變成大多由領袖一人決定，以為這樣比較有效率。但團體成員會因沒有參與感而消極抵制，導致整體效率及團隊精神都嚴重下降。阿丞說：

「我是一個執行力很夠的人，如果一件事情有兩種選擇：自己做完或是和其他人合力完成，我通常選擇自己做。也許是過度自信，覺得自己比別人好；另一方面也因自覺領導能力不足、管不動別人，所以不敢找別人做。雖然各種想法互相交流，可激起不一樣的火花，但我卻比較容易堅持己見，不太願意和別人討論。這部分缺失是朋友告訴我的，原先我也沒有察覺，導致很多事情都自己決策，時間久了團隊成員也不積極參與了。」

四、如何建立領袖的威信？

偏重「任務達成」會造成人際疏離，偏重「人際關係」又可能影響領導威信。該怎麼平衡？明倫說：

「進入職場多年後我升上組長，因為已跟每個組員相當熟識，在溝通沒有太大的問題。但由於我待組員如朋友，同仁覺得我好說話而變得有些隨便，常讓我有不被尊重的感覺。當我認真說話或宣布事情，卻被當成玩笑話。但我又不想因為當上組長被別人認為身分不同，而與同事有了距離。這樣的困境，讓我進退兩難。」

如果明倫不能擺脫上述人情壓力，行事就無法公正、公平、公開，也難以贏得組員的尊敬與服從，領導的困擾只會不斷擴大，如下列狀況：

「身為組長，必須進行工作調配與任務指派，會因分配不均而引起組員抱怨。更困擾的是，每年都進行的員工考核，讓我吃盡苦頭。誰最辛苦、誰可以拿到優等考核獎金，真的很難評比。若輪流，又有人覺得不公平。
會造成這些困境與障礙主要是『個性使然』，因為自己太過溫和、不想與人計較，導致常被人騎在頭上，常常吃悶虧。想把事情做到最好，又要注意所有人的感受，真的很難兼顧。」

領袖威信與個性有關嗎？個性嚴肅是否較不討喜？個性溫和是否較不具有權威？其實，個性應該不算是缺點而是特點，真正該加強的是配合個人特質而補強溝通技巧。阿國說：

「兩年前，我從資深軟體工程師升為第一線主管，帶領一群工程師，深深體會每個人都不一樣，很難讓人人服你。而且自己的個性比較嚴肅，顯得沒有親和力，在溝通的過程中產生很大的無力感。」

阿國的個性較嚴肅，所以在溝通上要加強親切感；反之，個性較溫和的領袖，則應在說話口吻上表現果斷性，以免下屬一直質疑你。

對於表現不佳的團體成員，有些領袖擔心直接講出來會傷了彼此的感情，於是完全不講，將問題悶在心裡。也怕勸導或糾正無效，會挫傷上下關係與領導威信。其實，不敢溝通或不能有效溝通才是致命傷，及早溝通才能即時解決問題。如下面這個例子：

「一位剛從名校研究所畢業的新進同仁，不接受我提問式的領導，希望我能直接給他答案。另外，這位同仁因住家較遠，僅第一個月準時上班，之後就都晚一小時才進辦公室。公司雖然沒有打卡制，但他的彈性上下班仍讓我頭痛不已，溝通後並無效果，搞得自己心裡很不舒服。」

五、如何承受團體壓力，掌控自己的情緒、安撫他人的情緒？

人際之間有許多差異，要一起工作則需建立共識及說服他人。如何說服別人能不傷和氣又得到他人認同？意見不合時若引發爭吵，就會變成人身攻擊而不是就事論事。這時，領袖就需要一顆客觀公正的心，冷靜排解雙方的怒氣，使事情慢慢回到軌道。

沒有人是完美的，但成為領袖就可能被人以完美的標準來檢視。以下是一位大學社團社長的痛苦成長經驗：

「身為領導人的我，曾數度被幹部抨擊『決策不正確』；某位激進的幹部甚至『爆粗口』，極盡羞辱之能事，令我對他感到十分厭惡。但礙於團隊尚缺人手，不與他計較，他卻自認仗義執言而不曾反省或收斂。

我還可以承受多少挫折與失敗呢？總是會累的！很想退回熟悉的舒適地帶。覺得自己沒有堅定的意志成為優秀的領導者，內心真希望當個簡單的人就好。」

幸好，這位社長並未「逃避」或因此喪志、遷怒。他與家人討論、向朋友訴苦，也請教了社團其他幹部，並積極閱讀領導相關書籍，反思自己的缺失。懷著正向的希望與態度，逐漸掌握了領導的技巧，也與其他幹部培養出工作的默契。

至於那位愛批評的幹部，由於他自認能力很強、社團少不了他，所以不尊重社長，但能力強卻破壞團體規範或團結氣氛對團體的殺傷力更大。所以正確的作法是，即使很缺人手，如果他不能改進，還是要把他請出團隊。

奇妙的是，這位被請出去的幹部，後來竟主動前來道歉，希望社長能不計前嫌、再度合作。是什麼讓他有如此的轉變？原來氣燄高張的他在別處踢到鐵板，自我反省後發現，這種態度的確得罪了不少人，所以決心修正。好領袖能既往不咎，重新接納犯錯的成員，也為團隊注入新力量。

第三節 儲備領袖力

為了有效領導，要儲備足夠的領袖力，包括以下幾項：

一、多重角色及多種層次的溝通技巧

領袖的溝通技巧最主要表現在與不同類型的人合作上，領袖能接受這項重大「考驗」，而且知道當中有許多「磨合」的艱苦過程。領袖與人的互動不僅是「公事公辦」，還能多付出及用心，與人廣泛而深入的「心靈交往」。

領袖不僅自己能與各種人共事，還能幫助個性、目標、能力不同的團體成員能一起工作，這當中還包括協助彼此化解歧異。

有些人以為自己不善於與人交流，跟不熟識的人講上幾句都有困難，何況要領導他們？所以自認不適合擔任領袖。但，善於溝通不等於要成為最受歡迎的「人

氣王」或球隊的「明星球員」。領袖的溝通技巧可以表現在傾聽、協調、安慰、激勵等方面，就像一部電影的導演不一定最耀眼，卻絕對不可或缺。

二、高度同理心、有耐心的交談及協調

領袖能真心的關懷別人，積極與人建立良好的關係。人的差異性致使「設身處地」、「將心比心」非常困難，若不刻意學習，難以消彌差距，遑論交流心聲。

每個人都有自己的想法，我們不能只要求別人接受我們的想法，也要有耐心與人交談，同理其他人的想法。這種「多元包容」是領袖必須具備的能力，如此才能激發團隊成員的潛能，產生不一樣的火花。

三、寬大的胸襟及責任感

領袖能照顧下屬，做到「有功歸下屬，有過自己擔」。願意為追隨者的缺點與錯誤承擔責任，包容及給他改過的機會。領袖要說出下屬的過錯之前，應「先說」甚至「只說」自己的過錯。「良言一句三冬暖」，多給下屬鼓勵、信心、希望。

領袖能察納雅言，主動與及時傾聽，接納不同立場的觀點，使問題在還不太嚴重時及早浮上檯面，避免重大的危機。

領袖需為團體設想，帶領大家前往光明的前途。過程中必然充滿阻礙或挑戰，因此領袖得比其他人更堅持與堅強，才能說服大家繼續下去、不要半途而廢。

四、恩威並施

好領袖既有親和力，使人想要親近與共事；又要有威嚴，使人願意服從及跟隨。能授權且充分信任下屬，讓不同才華的人能夠完全發揮專長。這種「恩威並施」的平衡與拿捏十分不易，卻是領導之必要。

即使只是一個十人之內的小組，擔任領袖的「基本功」仍然一樣：要建立制

度、賞罰分明。把一個小組帶領好是一個好的開始，但領袖需要許多成功的經驗與能量的累積，所以應繼續挑戰更大的團體，發揮幫助別人及贏得尊重的更強能量。

五、具備很好的公開發表與談判能力

不論先天條件好壞，演講能力還是需要後天的修正與訓練，電影「鐵娘子」、「王者之聲」即可印證，英國首相柴契爾夫人要修正她的呼吸方式及降低音調，還要改變形象（如髮型與穿著），才能有效展現領袖權威。現任英國女王伊莉莎白二世的父親喬治六世，自小就有嚴重的口吃問題；擔任國王後因為必須公開演講，所以經歷一連串辛苦的語言訓練，終能以成功的演說在二次世界大戰期間鼓舞全國軍民的士氣。

公開發表能力除了表現在演講上，還包括主持會議及談判。領袖要勇敢的面對問題，且有足夠的表達能力為團隊或個人辯護。訓練公開發表能力對領袖來說是「必須的」，太多場合需要運用這項領導專長，所以這部分的進步沒有止境。

學習如何當領袖的有效方式之一為「顧問」的協助，以當班長來說，導師就是顧問，以社長來說，社團指導老師、前任社長就是顧問。若擔任系學會的會長，系主任、前任會長或學務處課外活動組的主管就是顧問。要虛心接受他們的指導，主動尋求他們的建議。藉由他們豐富的成敗經驗，使團體事務順利推動。

總之，成為好領袖比想像中困難許多。如果你願意虛心、用心，在成為「社會人士」之前慎重培養領導力；日後在職場上，你的升遷機會及領導成功的機率，會比別人大很多。

溝通的細節與小撇步

仔細想想自己從前對於領袖的觀念及作法是否正確？觀察你身邊擔任領袖的同學或大學師長，他們的領導功力如何？訪問並請教他們，領導的道路上最成功或最失敗的地方在哪裡？請他們給你一些最真實而重要的建議。

補充教材與課後自學

<table>
<tr><td colspan="2">電影片名：朝聖之路（The Way）</td><td>主要演員：馬丁辛、艾米利奧艾斯特維茲、黛博拉卡拉安格、約裡克范韋傑寧根、詹姆斯內斯比特、斯賓塞加雷特、切基卡尤</td></tr>
<tr><td colspan="2">發行時間：2010 年</td><td>發行地：美國、西班牙</td></tr>
<tr><td colspan="3">探討主題：親子衝突與關係修復、人際影響</td></tr>
<tr><td>內容簡介</td><td colspan="2">片中的朝聖之路從法國西南部一個邊界小鎮，經庇里牛斯山西行經西班牙北部五個自治區，最後到達基督教三大聖地之一的聖雅各教堂，全程八百公里。沿途高山丘陵農莊密布，風景秀麗，每年吸引百萬的世界各國朝聖者和背包客前來，全程走完需三十天左右。
湯姆（馬丁辛飾）是美國一個眼科專業醫生，他的獨生子快四十歲了，還在讀博士班。有一天突然說不讀了，要去西班牙走朝聖之路。他很氣卻也無奈，開車送他到機場時在車上免不了又嘮叨幾句。兒子卻說：「這就是我們不一樣的地方，你只是在過生活，而我卻選擇生活。」
沒想到兒子才剛踏上旅程即喪生，父親為了了解兒子為什麼要走朝聖之路，也為兒子達成願望，於是帶著兒子的骨灰走完全程。
途中認識了幾個人，每個人都有各自的心事與迷惘，途中相伴就是有緣。或許一個不經意的鼓勵，就會讓人在往後日子裡心生感激。
到達目的地時，教堂服務人員問他朝聖的原因，他突然說不上來。他在朝聖證書寫上兒子的名字，或許這是他朝聖的目的，但是他得到的卻更多。他又再往北走一百公里來到海邊，把兒子的骨灰全撒在灘石上被海浪帶走。他終於了解兒子所說：「你只是在過生活，而我卻選擇生活。」從此他也選擇自己要的生活——到各地多走走、多看看。</td></tr>
<tr><td>值得一看</td><td colspan="2">1. 朝聖之路指從法國各地經由庇里牛斯山通往西班牙北部的道路，是聯合國教科文組織所登錄的世界遺產，也是全世界僅有的三處與「道路」相關的世界遺產（另兩處是日本的「紀伊山地的靈場和參拜道」，以及中國、哈薩克和吉爾吉斯共同擁有的「絲綢之路」）。
2. 一部不花俏、不激烈的電影，卻能讓人隨時沉思，彷彿一起走上朝聖之路。</td></tr>
<tr><td>思考討論</td><td colspan="2">1. 你是否也覺得父母不了解你所選擇的生活？你想試著與他們溝通嗎？
2. 親子間的生活目標與方式不同以致於漸行漸遠時，該怎麼辦？
3. 如片中那些偶遇的同伴，對我們的人生有何影響？</td></tr>
</table>

<table>
<tr><td colspan="2">電影片名：提姆波頓之地獄新娘（Tim Burton's Corpse Bride）</td><td>主要演員：（配音）強尼戴普、海倫娜波漢卡特、艾蜜莉華森</td></tr>
<tr><td colspan="2">發行時間：2005 年</td><td>發行地：英國</td></tr>
<tr><td colspan="3">探討主題：</td></tr>
<tr><td>內容簡介</td><td colspan="2">一個黑暗壓抑的小村莊裡，兩位年輕人正為婚禮而準備，雖然他們在這之前彼此都沒見過面。
粗鄙的賣魚大亨內爾和威廉凡道特夫婦一直夢想著進入上層社會，他們不缺錢財，最缺的是名聲。相反地，窮貴族曼德林和菲尼斯艾維格勞特夫婦雖然有榮耀的名聲，卻一文不名。他們的財富很久以前就已經花得精光，祖宗遺留給他們的唯一東西就是這高貴的姓氏和社會地位，還有他們的女兒薇多利亞（艾蜜莉華森配音）。他們將女兒當成了搖錢樹，嫁入低俗的凡道特家，成為維特（強尼戴普配音）的妻子。所有人都為即將到來的婚禮而興奮，除了新郎和新娘，因為這場婚姻根本不是基於愛情。
維特和薇多利亞初次見面是在婚禮前一天晚上的彩排。兩人開始喜歡上對方，然而彩排時維特的表現很糟而被牧師趕走，要他能夠學會正確地在婚禮上表現才讓他回來。維特在村莊周圍漆黑的森林中練習婚禮誓言，最後將結婚戒指輕輕地套在一根小樹枝上。然而，那不是一根樹枝，而是一個詭異的腐爛女屍，穿著破碎的婚紗從地裡鑽了出來。維特在毫不知情的情況下，竟然和這位地獄新娘愛蜜莉（海倫娜波漢卡特配音）結婚了。
維特想盡辦法要回到薇多利亞的身邊，卻徒勞無功。大家以為維特逃婚，但薇多利亞堅信不是如此，仍被父母強迫她嫁給神秘而陰險的巴克斯比頓（理查格蘭特配音）。地獄新娘絕不讓維特逃離他們莫名其妙訂下的婚約，維特要如何離開死亡國度，回到他充滿愛和真情的薇多莉亞的懷抱？</td></tr>
<tr><td>值得一看</td><td colspan="2">1. 一個看似陰森淒涼的故事，而且充滿各種鬼魅的場景；意外的卻很耐看，讓人愈看愈喜歡及同情地獄新娘。是一部人偶動畫電影，曾獲第 78 屆奧斯卡金像獎最佳動畫片提名。
2. 一個穿越生死、美醜的愛情，加上動人的聲音表演，要不喜歡這部片也難，要不相信愛情更難。</td></tr>
<tr><td>思考討論</td><td colspan="2">1. 你能接受父母安排的婚姻嗎？為什麼？
2. 愛情中的創傷要如何才能復原，也就是再度相信真愛？</td></tr>
</table>

<table>
<tr><td>動畫作品：Fate/zero</td><td>原作：虛淵玄、武內崇；導演：蒼井啟</td></tr>
<tr><td>發行時間：2011 年</td><td>製作公司：Ufotable</td></tr>
<tr><td colspan="2">探討主題：權力競逐、領袖的條件</td></tr>
<tr><td>內容簡介</td><td>傳說中可實現持有者一切願望的寶物為聖杯，有一個為了得到聖杯的儀式被稱為聖杯戰爭。參加聖杯戰爭的七名魔術師被稱為御主（英文 Master），他們由聖杯選出並賦予令咒後，與七名被稱為從者（英文 Servant）的使魔訂定契約。他們是由聖杯選擇的七位英靈，被分為七種職階，分別為：劍兵、槍兵、弓兵、騎兵、魔術師、暗殺者、狂戰士。每一種職階有各自的特色，像棋盤上的棋子一般等待被放到戰場正確的位置上。
但聖杯承認的使用者只有一個，御主只能與七種職業的從者之一立下契約，並在戰爭中打敗其他陣營的參戰者，方可得到聖杯的使用權。本作品是描述殘酷的第四次聖杯戰爭之故事。</td></tr>
<tr><td>值得一看</td><td>1. 各種類型的主人跟他的從者該如何互動？競賽從參賽者召喚出怎樣的從者就開始了，如西洋棋中的騎士、主教、城堡、士兵等有不同的能力，能走得棋步也不一樣。但主人和其從者的配合更加重要，要將棋子擺在棋盤的什麼地方，考驗著主人的智慧。主人看似是從者的領導，但有許多主人都是為達成自己的願望而不擇手段，將從者當成棄子。這樣的人就算達到目的，也是孤獨的君臨天下，無法與屬下分享利益，也無法得到別人在業務範圍外真正的信賴。
2. 第四次聖杯戰爭的從者英靈中有亞瑟王擔任劍兵、蘇美神話中英雄王吉爾加美什擔任弓兵，以及征服王亞歷山大大帝擔任騎兵。在三王對決中，亞歷山大大帝的武器為「王之軍勢」，也就是其麾下的千軍萬馬。這樣子的亞瑟王果敢、有智慧有野心，從被召喚到日本的第一天，就急著找世界地圖，目標是征服到海的另一邊。而他的主人，召喚他出來只是為了證明自己的魔術能力，因此被亞歷山大大帝訓了一頓。認為他的心太狹小了，要就該放遠眼光。大帝以自身的品格使眾人追隨，為弱小的主人分析他能力上能做的事，並絲毫沒有看不起他。怪不得他能召集各國不同的人手，展開他的世界征服。雖然還是輸在英雄王吉爾加美什的兵器之下，但大帝的背影永遠值得景仰。</td></tr>
<tr><td>思考討論</td><td>1. 會領導眾人做事的領袖，跟個人辦事能力極佳的領袖孰重孰輕？你想成為怎樣的領袖？
2. 領袖要如何定位自己的部下？如何使部下對自己心服口服？
3. 擅長帶領團隊的領袖，做事是否一定會成功？如何應對實力懸殊的對手或突發狀況？</td></tr>
</table>

Chapter 11

擺脫人際災難

聽聽大學生的心裡話

我也不想跟同學或老師起衝突，可是我的心裡常感到不平衡、不平靜，因為情緒沒有適當的宣洩管道，「一不小心」就會點燃戰火。媽媽說我的脾氣愈來愈壞，動不動就不耐煩、講話很衝，卻只敢跟家人兇，要是遇到流氓……。

從前的我不是這樣，但多次莫名其妙的被傷害之後，我已經不敢再信任別人了。我不知道自己哪裡做錯，或無意間得罪了誰、礙著了誰？為什麼「有人」在背後批評我（我卻不知道「他」是誰）？為什麼其他人也聽信謠言而一起誤解、排擠我？

幸好有些同學肯跟我互動，並鼓勵我「坦然面對」與「大方澄清」，讓別人看到我真實的一面。我們無法讓每個人都喜歡自己，而且我們本應「反求諸己」、「自我突破」，但絕不要因為別人的看法而自我懷疑、自我否定。我很感謝這些同學的包容與支持，讓我感到並不孤單。

比起那些被「孤立」甚至被「霸凌」的同學，我的情形並沒有那麼嚴重。只是我要調整一些壞習慣，例如：把情緒寫在臉上，以及表達過於直接。雖然我很困惑「做人為什麼那麼麻煩」、「為什不能實話實說」？但多年來，我已發生過不少人際相處的問題，是該改變一些溝通觀念及作法了！

第一節　人際災難的意義與原因

王文華（2010）有篇文章〈聰明不快樂〉：

「聰明人常把別人弄得很煩，旁人跟他們在一起，總是戰戰兢兢，好像偷了東西，怕被看出破綻。不管旁人做得好不好，聰明人總可以挑出毛病，然後用客氣或不客氣的語調，讓對方覺得自己的價值很低。」

聰明人為什麼愛挑別人的毛病、貶低別人的價值呢？王文華（2010）認為是由於「得理不饒人」的表達方式：

「面對判斷錯誤、或沒有錯只是一時反應不過來的人，他們不願意給對方自己思考、然後覺醒的機會，他們總是急切地告訴對方為什麼他們錯了。……表達的方式可能聳聳肩膀、轉轉眼珠，甚至只是一個微笑，但對別人的傷害，不下於一個巴掌。聰明人不用手打巴掌，只用小動作讓別人內傷。」

聰明人的溝通方式其實並不聰明，自卑固然不好，過於自信即變成自大，容易造成人際災難，包括：傷害別人、惹人厭煩。文章的結束時，王文華（2010）說：「我從小立志變成聰明人，現在想用所有的聰明來努力，讓自己笨一笨。」

一、大學生的人際災難

「人際災難」不全是自己發動或造成，即使我們很小心，還是可能與人發生衝突。如阿得的經驗：

「前陣子畢業生聯誼會舉辦『應屆畢業生團體合照』，要通知全校數十個系所並不是件容易的事。我們先請學校幫忙發了全校信件，也在各餐廳和熱門進出點張貼海報。『團拍』進行到第五天，突然有位研究所學長到畢聯會辦公室，表示他們班沒有收到任何通知。雖然他的口氣平穩，用字遣詞仍能感受到強烈的不滿。當時我們每個人都忙得焦頭爛額，突如其來的質問使我們很不是滋味。

我先冷靜下來，緩緩的向他表示我們做了哪些宣傳，他以沒有收到全校信件為由反駁。我以同理心去看待，並站在他的立場聆聽他的需求，他的態度也隨之轉變。最後順利敲定了補拍時間，化解了一場可能的不愉快。」

不少時候，個性因素也會帶來不少人際災難。如下面這篇校園報導：

大學生的個性問題與人際災難

政治大學校園記者　簡嘉貞

高中老師總說：「盡力讀吧！上了大學你就自由了！」但是，真能完全自由嗎？大學生仍須為自己的行為負責，要考慮到他人的存在。在大學會碰到各式各樣的人，處理時必須小心；要拋棄以前幼稚的因應方式，用更適切的行為來代替。尤其要想到自己的個性，是加分還是扣分？有些個性可能會造成人際困擾，如：害羞內向、過於直爽、孤芳自賞、固執己見、自我中心、不能體諒別人、公主病……，實例如下。

・害羞內向，愈來愈少與人接觸

高高瘦瘦的小霖，幾乎從沒聽他說過話。迎新宿營時，大家要合演一齣短劇。第一次會議，大家以為小霖遲到了，於是七嘴八舌開始討論起來。一陣子之後才發現，教室角落有個黑黑的人影，原來是小霖！他不知道什麼時候進來的，來了也不打招呼，只站在那兒聽我們討論！好不容易讓他加入討論，卻仍不發一語，最後大家只好幫他安排一個沒有台詞的角色——看板人物！

內向的人即使想融入新環境，也不知道如何適應。於是同儕將其「定型」，使他陷入負向循環——愈來愈封閉自己，和外界脫離。

・下雨天依舊狂飆——不能體諒別人

小凡是轉學生，見面時總客客氣氣的。有一堂課，大家要共同完成老師出的作業——體驗休閒！於是大家決議到外地參加農場打工換宿，這是最經濟又能深度體驗當地生活的方案。

農暇時大家想騎機車到當地夜市玩，不料下起傾盆大雨，視線很不清楚，路邊濺起的水花把鞋子都弄濕了。正要和小凡商量騎慢一點時，卻看到他一馬當先的衝了出去。好不容易在紅綠燈處追上他，他卻不高興的說：「我剛剛只騎每小時五十公里呀！」話沒說完，綠燈時他又催了油門騎走了。最後，不僅被他載的同學擔心受怕，其他人也冒著大雨一直追他。抵達夜市時，大家已興致全消。

・公主病上身——「你可以幫幫忙嗎？」

剛開始覺得小花是個可愛女孩，漸漸發現她似乎很「勇於」向別人提出要求。早上還沒睡醒，就收到她傳來的簡訊，要同學幫她買早餐！有時她會用奪命連環call，把同學叫出來，只因有一題統計她怎麼也搞不懂！或乾脆直接把需求放上臉書，看看有沒有人可以幫她完成。

提到小花，朋友會開玩笑的說：「你說那個小花公主呀？」有些人在她要求別人幫忙時會翻白眼，她的「臉書」也愈來愈少人回應。

大學生對於自己造成別人困擾或破壞人際關係的「個性問題」，並非完全沒有「自覺」，只是苦於無法「對症下藥」或「自我突破」，例如：個性內向、隱藏自己的感受與意見、有話直說、對人的防衛心過強……。有幾個大學生說：

「溝通是我一直以來的困擾，大部分是個性所造成。我很內向，不會主動和人說話，閒談時也不會接話題。朋友曾說和我聊天滿累的，都是他們在找話題。除非真正要好的朋友，否則我不敢說出心裡話。因此被認為很難親近，跟別人愈來愈疏離。」

「很多事情我都放在心裡，我想可能是家庭因素所造成。我是長子，父母對我特別嚴格，做錯事容易被打，導致我膽小、怕失敗、不敢嘗試新事物、怕說錯話。我大多選擇『沉默』，就算有想法，也不敢和大家分享。」

「我的個性是有話直說，脾氣說來就來。當我讀到證嚴法師說：『嘴巴、脾氣不好，心地再好也不算是好人。』突然有大徹大悟之感！知道不能再只求別人的包容與體諒，把個性當成傷害人的合理藉口。不是所有人都能接受我這種溝通模式，我很懊悔，因自己不好的個性而傷害到朋友。」

大學生的人際災難常來自與室友的相處，如：有人睡得早，有人睡得晚；有人需要聽音樂才能入睡，有人要完全安靜。最可怕的是，有人似乎不需要睡覺，而且上臉書或 PPT 時遇到好笑的事還會笑出聲來。另外還有寵物問題，有人養貓卻嫌別人的狗很吵，養狗的人則說自己很怕貓。

此外則是來自與師長的溝通障礙。有位大學藝術性社團的社長說，他每次打電話給社團指導老師，講話都會結巴。因為這屆的招生人數太少，指導老師不太滿意，社長自覺已費盡口舌解釋了好幾次，但指導老師仍不斷舊事重提。而且社長覺得招生不足的原因，大半是來自指導老師，因為他的上課方式有點問題，上過課的同學都不願意再來。但社長不知道要怎麼用最委婉的方式告訴他，只怕會傷了指導老師的心。

二、人際災難的意義

遭到別人誤解時，最好能當下或儘快面對及處理，但要做到保持理性，否則問題只會擴大，這並不容易。因人際衝突會引起負面情緒，如：憤怒、委屈、傷心等，很難完全掌控得住。在情緒與理性的拔河賽中，情緒通常獲勝。衝突時的典型反應除了情緒爆發和宣洩，與對方激烈相對、誓不兩立之外，還可能採取另一極端的壓抑與逃避方式，儘量拖延向對方解釋的時間，結果如下面的狀況：

「我現在最大的問題是害怕溝通，覺得有些事還是不要講開比較好，盲目的以為等過一段時間就不再是問題。除非到了無法挽回的地步，才會進行溝通。但什麼事情該講、什麼事情不該講？這中間的分寸，我還是難以拿捏。」

不少人因為害怕溝通，所以自我欺騙「問題自然會獲得解決」，但實際情形卻不是如此，問題仍會繼續累積、擴大。等到心理陰影隱藏不住或洶湧的暗潮浮上檯面，逼得你不得不去面對與處理。但矛盾的是，既已到了「無法挽回」的地步，溝通還來得及嗎？所以，逃避並非上策，還是應先嘗試溝通再來「選擇」要繼續溝通或相信「時間是最好的治療劑」。

有時當傳聲筒或和事佬也會引發人際災難，例如：當A跟你說了B的壞話，千萬不要直接跑去跟B說。這麼做不見得會讓人高興，因為你不確定B聽了這些話會造成哪些傷害，包括B的自尊受損以及A與B的關係破裂。所以只需安撫A而不必跟著罵B，因為你無法確定A是真的討厭B或只是一時氣憤。

有時人際災難的發生是因為不敢與當事人「直接溝通」，如：A 想傳達「難以啟齒」的訊息給 B，只好透過 C。萬一 C 沒講好，就會擴大 A 和 B 的緊張關係。雖然由當事人「面對面」的溝通較好，但若彼此已有成見，則可邀請明智、公正的第三人，陪同一起解釋清楚、尋求問題解決之道。

至於「面對面溝通」或「及時溝通」，何事該說、什麼話可說，要「拿捏得當」的確需要很高的功夫。要有相當的修養、氣度、經驗與智慧，才有辦法表現

「中庸之道」，才能不僅不傷人還能做到雙贏、皆大歡喜。「會說話」與「不會說話」的分野也在於此，前者是「良言一句三冬暖」，後者是「惡語傷人六月寒」。當你不確定話說出口會有什麼後果時，因為「人言可畏」，最好「沉默是金」。「話到嘴邊留三分」，多留意別人的表情與動作，就能避掉許多人際災難。

三、人際災難的原因

即使我們不是新聞記者，對於某些人或事要發表自己的意見前，還是應先了解清楚。尤其是對「人」，不要過度自信而批評或試圖想要改變別人。

當我們聽到他人的「八卦」或評論時，聽聽即可、不要太過認真，也可轉移說話者的注意，暗示對方你並不想聽到這些。最重要的是「謠言止於智者」，即使是事實也不應隨便傳播，何況尚未求證。

最近有個愈來愈明顯的人際災難，就是身體距離雖接近、心理距離卻遙遠的E化溝通問題。資訊科技的進步，使我們愈來愈常使用電子郵件、手機簡訊、網路社群等「虛擬溝通」，已出現的問題如下：

（一）溝通的訊息不足

發訊者僅以「文字」溝通，缺乏動作、表情、語調、語氣的輔助，所以很難正確表達與判讀對方的訊息。萬一用字錯誤、缺少禮貌、情緒化用詞……，或因未確認內容而產生誤解，就可能演變成爭吵或其他形式的人際災難。

（二）造成的傷害更大

社群網站一次可散播的數量很難估計，若造成傷害，所破壞的不僅是個人的人際關係、名譽或形象，還可能構成犯罪——公然侮辱、破壞名譽（商譽）……。

例 1：A 與 B 是同班同學，他們在臉書的班級社團上撕破臉，所以全班都知道。衝突的導火線是打工時段安排得不好，A 發表一些情緒性動態，B 也回應一大串，於是各自的朋友加入幫腔，使用的文字都過於情緒化。

例 2：C與朋友因對事情的看法不合而鬧翻，事後朋友在網站個板上發了一篇感想，做出許多人身攻擊。C 看了非常生氣，故意用指桑罵槐的方式戳了對方的痛點和缺點；朋友們看到後又再次發文，最後造成彼此不聯絡長達四個月。

有個大學生說，期中考期間他在「臉書」上收到某同學傳的訊息，用了五百多字道盡他的缺點，使他的心情大受影響，當天的期中考也以悲劇收場。他的反擊方式則是回了一千多字，除了感謝同學的提醒之外，也說出同學的諸多缺點。朋友的回文令他再度崩潰……，戰火繼續燃燒。

（三）不一定能有效傳播訊息

臉書社團是有效的聯絡方式嗎？某位大學生說，有一次上課地點改到校外某地聽演講，結果當天竟然兩度更換地點，讓他們這組六人東奔西跑，最後搭計程車才匆忙趕到演講場地。離譜的是，更改地點的訊息都放在臉書社團上，難道假設大家隨時都在「滑手機」？當他們在訊息中留言詢問「為何一直換地點」時，對方卻沒回答也沒道歉，直接選擇迴避、中斷溝通。

以電子郵件、簡訊、Facebook 留言等方式向人詢問或討論某些事情，若對方不回覆，你可能會誤以為對方故意漠視你而非常生氣！實際上他可能只是沒有上線或收信而已。

（四）愈來愈懶得或怯於當面「真實溝通」

習慣於網路的虛擬溝通之後，會愈來愈「懶得」真實溝通，如：打個電話或當面談談。比起打字所花費的時間與力氣，當面談話相對來說麻煩得多，因為當場「有來有往」、「有問有答」的雙向互動，就無法逃避、必須回應（不能假裝下線），其實這樣的溝通比較有效，只是不符合 E 世代的習慣而已。但日後職場上的溝通，還是以真實接觸為主；現在過度使用虛擬溝通，可能會造成將來愈來愈怯於或不善於與人當面溝通。

第二節　人際災難的化解與預防

「若你和我之間有問題，請告訴我，而不是告訴其他人！」這話簡單明瞭，卻不容易做到。許多人對某些人心生不滿或有誤會時，只會向家人、好友抱怨，而不敢或不願與當事人直接溝通。被抱怨的人渾然不知自己得罪別人或做錯什麼，自然無法改善或澄清。照這樣的邏輯行事，只會使彼此關係更加惡化。

一、人際災難的化解

人際溝通最忌「口出惡言」甚至人身攻擊，這種言語暴力——以牙還牙，只會讓彼此的爭吵愈來愈嚴重。別人對我們發脾氣、態度惡劣、言語刻薄時，要如何弄清狀況？也許錯根本不在我，要如何說服自己忍住怒氣，不要只想著要反擊？若失去平靜與平衡，就可能情緒失控、使事情更加擴大。

有宗教信仰的人也許較容易平靜下來，如聖經說：「要快快地聽，慢慢地說，慢慢地動怒」（雅各書・聽道與行道）；能忍受別人的攻擊，如聖經說：「有人打你這邊的臉，連那邊的臉也由他打」（路加福音・論愛仇敵）；經由信仰，較知道且能做到一般人不能想通的事，如聖經說：「你們若單愛那愛你們的人，有什麼可酬謝的呢？就是罪人也愛那愛他們的人」（路加福音・論愛仇敵）。

如果多數人對少數人言語攻擊或集體孤立、排擠，這就是「霸凌」。這現象常發生在心智不成熟的青少年身上，霸凌者甚至不清楚自己為什麼討厭或排擠某些人。有些人被排擠的原因竟只是某一次頭髮沒洗、看起來很髒，讓人反感；其他如身材較胖或穿著較差也常是被看不起的不合理原因。

被排擠的人又該如何自處或尋求支援？有位大學生描述朋友被霸凌的經驗：

「她從國中開始，總覺得同學排擠她、老師不喜歡她，吵著要自殺。她哭鬧時，她的媽媽無計可施，就打電話給我。我一放下聽筒，就跳上腳踏車去她家，怕她有個萬一。又勸又哄、費盡心思才讓她平靜下來，但三、五天後同樣的戲碼又再次上演，最後我都彈性疲乏了，弄不清她是真想自殺或只是需要關心。現在她已經讀大學了，雖不會再大哭或吵鬧，但仍會抱怨與同學相處不愉快，人際關係的困擾似未減少。」

她又說隨著年齡漸長，自己已較能平靜看待朋友狀況，不像國中時那麼驚慌失措。她覺得是朋友渴望別人關心，只是表達的方式太過激烈——「你不理我，我就死給你看」。但也許朋友確實被排擠與霸凌，家人與好友卻覺得她「小題大作」，沒有真正支持或協助其處理心理創傷問題，這對她的傷害恐怕也不小。

二、人際災難的預防

人與人的關係是互相的，所謂「禮尚往來」。沒有人有權只要別人付出及包容，自己卻沒有相對的用心。所以，要避免或預防人際災難的原則如下：

（一）對別人更有耐心一些，不要隨意輕視別人

若要輕視或歧視別人，隨便都可以找到藉口，而且這類的批評特別傷人。因為被輕視或歧視的滋味不好受，所以當我們發現有人犯錯或因某些不合理的原因而自卑時，更應有耐心的幫助對方、不傷其自尊。這樣一來，他會感激在心，日後找機會回報你。

（二）要能承受責罵甚至冤枉，痛苦是成長的禮物

受到責罵或冤枉時，立即回嘴可能會兩敗俱傷，也會使對方不再對你說真話。若不能從打擊中站起來、不能原諒別人的傷害，就會永遠陷於懊惱當中。我們應視挫敗為「禮物」，將心態徹底轉變為「感謝」，否則無法突破困境，只會愈來愈苦悶。其實，「人在做，天在看」、「豈能盡如人意，但求無愧我心。」

反之，講別人的缺失時不要太嚴苛，要考慮對方的心情。《菜根譚》說：「攻

人之惡毋太嚴，要思其堪受。」溝通是為了維繫及增進關係，而非斷絕與破壞關係。千萬不要說「絕話」，「人情留一線，日後好相見。」

沒有人完美無缺，弦月滿月一樣美。「要批評別人時，先想想自己是否完美無缺」、「不要只看到別人外在的污點，卻看不到自己內心的垃圾」（靜思語）。將心比心，我們也很怕被別人期待完美。

（三）是對是錯，不要太早下斷言或放棄溝通

不是真正認識別人時，不要隨便評斷，因為很可能「看走眼」甚至錯失「貴人」。然而，要真正認識一個人，需花費的時間比我們想像的更多。

當我們說別人是錯的，別人可能覺得「太委屈」，反之亦然，因為我們也不能接受被冤枉、被錯怪的不公平對待。

把話當面說出來，讓彼此還有機會相互了解。「鼓不打不響，話不說不明」，給對方一個說明與解釋的「公平」機會。

（四）不要被討厭、憤怒、怨恨等情緒牽著走

情緒的發洩很容易，但請多想想後果，以及你是否有能力收拾善後，並再想想疾言厲色、無法微笑的損失。

正確作法是，你需要什麼就多給別人那些：給人讚美、給人欣賞、給人溫暖、給人……。人人都需「雪中送炭」、患難見真情。「心是很脆弱的，要記得時常安撫它」（三個傻瓜）。人際之間的小災難、小衝突在所難免，但也不可輕忽；在還來得及的時候，「面對它，接受它，處理它，放下它」（聖嚴法師語）。

溝通的細節與小撇步

仔細想想你目前面臨的人際災難是怎麼造成的？並且去找你信得過、可以談心的師長好友，聽聽他們客觀的意見及給你的建議，再想想該如何自我負責、改變什麼，來消除這場人際災難？

補充教材與課後自學

<table>
<tr><td colspan="2">電影片名：繼承人生（The Descendants）</td><td>主要演員：喬治克魯尼、鮑布里吉、馬修里萊</td></tr>
<tr><td colspan="2">發行時間：2012 年</td><td>發行地：美國</td></tr>
<tr><td colspan="3">探討主題：人際背叛與諒解</td></tr>
<tr><td>內容簡介</td><td colspan="2">Matt King（喬治克魯尼飾）是一名忙碌的律師，居住在人人羨慕的天堂——夏威夷；他的妻子在一次水上意外中昏迷不醒，Matt 的人生從此變調，他要從忙碌中抽出時間照顧昏迷的妻子，要面對女兒們的教養問題（尤其是從前他並沒有好好關心過孩子），還要解決家族土地繼承的問題。
在一切紛亂當中，他竟從大女兒口中得知妻子婚外情的不堪事實，他羞憤難耐，決定找出那個可惡的「情夫」。他帶著兩個女兒一起找尋「情敵」的過程，他們經歷了生命的荒謬、理解彼此的心境，最後他決定「放下」、讓它過去，不再讓傷害繼續下去。</td></tr>
<tr><td>值得一看</td><td colspan="2">1. 本片獲得第 69 屆金球獎最佳劇情片和最佳男主角（喬治克隆尼），以及第 84 屆奧斯卡金像獎最佳改編劇本獎。
2. 喬治克隆尼的演技、與兩名未成年女兒的互動、發現妻子外遇的憤恨、妻子昏迷需要照顧與知道妻子外遇的衝突、看到與妻子外遇的男子和他善良無辜的妻兒……，演技及劇情都十分揪心。</td></tr>
<tr><td>思考討論</td><td colspan="2">1. 當人際衝突或有人背叛你時，都是對方的錯嗎？如何化解遭到背叛的傷痛？
2. 親子關係不良時，較好的化解策略為何？你試過哪些？</td></tr>
</table>

<table>
<tr><td colspan="2">電影片名：荒野生存（Into the Wild）</td><td>主要演員：艾米爾荷許、文斯范恩、克莉絲汀史都華</td></tr>
<tr><td colspan="2">發行時間：2007 年</td><td>發行地：美國</td></tr>
<tr><td colspan="3">探討主題：親子衝突、自我追尋與認同</td></tr>
<tr><td>內容簡介</td><td colspan="2">1992 年，在美國阿拉斯加地區一個廢棄公車裡，發現了一具腐爛的屍體，死者是克里斯多夫．詹森．麥坎德利斯，出身於美國東岸的一個富裕家庭，1990 年大學畢業後即與家人失去聯繫，故事後來被寫成一本書《阿拉斯加之死》（Into the Wild）。
本片由奧斯卡金像獎得主西恩潘編劇並執導，探討克里斯多夫離開家庭、人群，最後死在荒野的歷程與心境。
克里斯多夫畢業後放棄令人羨慕的工作，把自己二萬四千元的存款捐給慈善機構，並燒掉錢包所有的錢，搭便車去阿拉斯加尋找自我。只靠著一把點 22 來福槍、一部相機、簡單的野營裝備和若干書籍（包括一本野外生存指南），成功地在荒野中生存一百天。最後他想重回社會，但由於正值河流漲期無法渡河，被滯留在「神奇公車」內，後因誤食有毒植物而身亡。
他出走的另一個原因是家庭生活不愉快，父母經常吵架（因父親之前還有一個家庭），大學畢業後從此與家人失聯。路上他遇到不少人對他很好，希望他留下來，但他只想到阿拉斯加過原始生活。
在阿拉斯加他發現一輛棄置的巴士而住了下來，為了求生他獵殺了一頭鹿，可是不懂得肉類的儲存方法所以鹿肉變壞了。他漸漸感到寂寞，想要離開阿拉斯加，可惜路被河水淹沒，加上誤食毒果，被發現時已失去了寶貴的生命。</td></tr>
<tr><td>值得一看</td><td colspan="2">1. 本片獲得奧斯卡金像獎提名，並贏得金球獎最佳歌曲獎。
2. 男主角艾米爾荷許在本片中的表現也十分出色，在拍攝過程中他瘦了四十磅，從片頭容光煥發、身強體健的畢業生，到片尾在阿拉斯加獨居生活的消瘦蒼白，對比十分強烈。他也完全不用替身，獨木舟航行科羅拉多河、大雪中重裝跨溪進入阿拉斯加、在 142 號公車旁和闖入的棕熊對視等，敬業精神值得佩服。
3. 由於克里斯多夫的出走，是來自對父母虛偽的憤怒，所以導演西恩潘花了十年時間，才得到克里斯多夫父母的諒解，同意拍攝此片並提供需要的幫助。這部片的拍攝盡可能真實呈現，工作團隊因此遠赴阿拉斯加數次實地拍攝。</td></tr>
<tr><td>思考討論</td><td colspan="2">1. 與父母不和或生氣父母的所作所為，以從此不相往來的方式表達，真的比較好嗎？沒有和解的空間嗎？
2. 最後克里斯多夫是否後悔了？如果是，他的死是否不值得？</td></tr>
</table>

動畫作品：我們仍未知道那天所看見的花名（原名：あの日見た花の名前を僕達はまだ知らない）		導演：長井龍雪；編劇：岡田麿里
發行時間：2011 年		製作公司：A-1 Pictures
探討主題：遭遇鉅變後的心理調適、一度破裂的人際關係之重建		
內容簡介	兒時總是結伴遊玩的青梅竹馬，升上高中之後彼此有了距離。不太與人接觸的主角「仁太」、很有一般高校女生感覺的「鳴子」、進入升學高中的「雪集」與「鶴子」、沒有繼續升學而展開旅行的「波波」。這些人都與昔日玩伴之一——「芽衣子」（暱稱「面麻」）在眾人面前意外死去有關。 某天，已經過世的面麻竟以跟仁太一樣年齡的外表出現在他面前，並說有「想要實現的願望」而拜託仁太。分散在各處的大家再次聚集，只為實現面麻的願望。 重新與面麻相處的過程中，雖然始終只有仁太看得到面麻並能與她對話，眾人還是照著仁太的要求，重回小時候的秘密基地，找回許多以為忘記的童年回憶，也重新與彼此交談。但和樂的外表底下，大家還是無法忘懷對面麻的愧疚，也就是對於面麻之死的責任。正因這份強烈的罪惡感，五人才會分道揚鑣，並發展成自己不一定想要的樣子，如仁太逃避上學、鳴子玩世不恭、雪集與鶴子冷漠的資優生態度與完美主義、波波到處旅行的生活。原本用不同方法掩飾自己情緒的五人，在面麻重新出現後又爆發了。面麻最後的願望能不能實現呢？大家努力修復彼此的關係，能再回到當初無拘無束一起玩耍的夏天嗎？	
值得一看	1. 一直暗戀面麻的雪集蒐集了一套跟面麻相同的連身洋裝，暗地裡藉由假扮成面麻紓解憤恨與思念。這情況在某天晚上被大家發現了，透過雪集，每個人也都發現自己也有同樣的扭曲。為什麼大家不再聯絡？為什麼只有仁太看得到面麻？大家為了面麻的願望而奔走，到底是為了幫助朋友，還是為了解除自己的罪惡感？這裡可以看到人際關係中每個人既自私又為人著想的矛盾心情。雪集希望他的感情得到面麻的回應，面麻卻偏偏找上仁太。忌妒心暴發的雪集想否定這樣的面麻，直到面麻透過仁太說出只有她與雪集知道的事，雪集才相信那是真正的面麻。而喜歡仁太的鳴子，與喜歡雪集的鶴子眼中，這樣的情景也絕對不好受。可見每個人都想藉此機會修復當時因面麻而受的創傷，卻也在重新的互動中產生新的傷口。儘管互相傷害還是想要在一起的朋友關係，令人動容。	

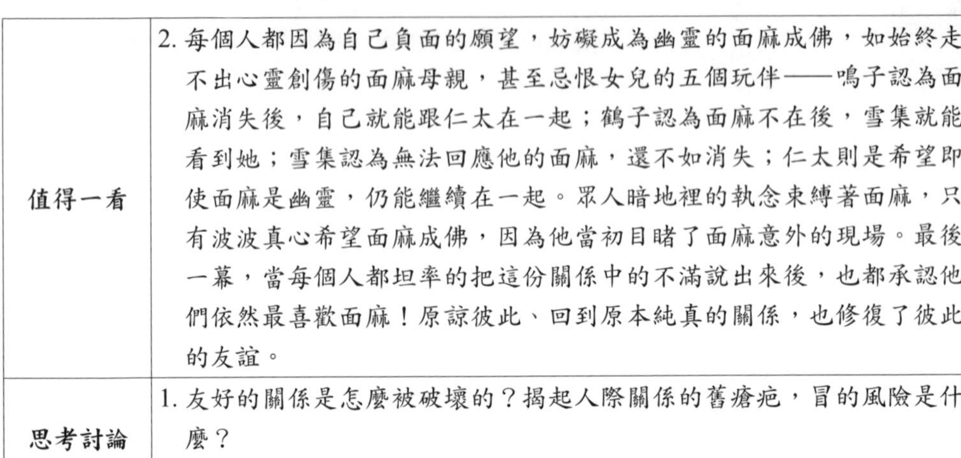

值得一看	2. 每個人都因為自己負面的願望，妨礙成為幽靈的面麻成佛，如始終走不出心靈創傷的面麻母親，甚至忌恨女兒的五個玩伴——鳴子認為面麻消失後，自己就能跟仁太在一起；鶴子認為面麻不在後，雪集就能看到她；雪集認為無法回應他的面麻，還不如消失；仁太則是希望即使面麻是幽靈，仍能繼續在一起。眾人暗地裡的執念束縛著面麻，只有波波真心希望面麻成佛，因為他當初目睹了面麻意外的現場。最後一幕，當每個人都坦率的把這份關係中的不滿說出來後，也都承認他們依然最喜歡面麻！原諒彼此、回到原本純真的關係，也修復了彼此的友誼。
思考討論	1. 友好的關係是怎麼被破壞的？揭起人際關係的舊瘡疤，冒的風險是什麼？ 2. 在人際關係上如何兼顧個人情緒的抒發與為他人著想的理智？

參考文獻

Cheers 雜誌（2012）。2012「3000 大企業決策者最愛大學畢業生」：成大重回第一。取自 http://www.cheers.com.tw/article/article.action? id=5030549

王文華（2010 年 1 月 12 日）。聰明不快樂。**聯合報，D3 版**。

王昭月（2013 年 6 月 30 日）。年輕人「像貓」求職會很吃虧。**聯合報，AA3 版**。

王淑俐（2013）。**會做人，才能把事做好**。臺北市：三民。

王祥瑞（2010）。**李嘉誠再談做人・做事・做生意**。臺北市：大都會文化。

何華丹（2006）。**消除壓力**。臺北市：聯經。

佚　名（無日期）。**孩子從生長的環境中學習**。取自 http://jhlee0203.pixnet.net/blog/post/41408079-%E3%80%90%E8%A9%A9%E3%80%91%E3%80%88%E5%AD%A9%E5%AD%90%E5%BE%9E%E7%94%9F%E9%95%B7%E7%9A%84%E7%92%B0%E5%A2%83%E4%B8%AD%E5%AD%B8%E7%BF%92%E3%80%89（%E2%80%9Cchildren

宋耿郎（2013 年 3 月 21 日）。鬥機變炸雞。**壹週刊，617**，13。

李珊珊（2012）。**成功的八大資本**。新北市：奇盟子文化。

李開復（2006）。做最好的自己。臺北市。聯經。

李蕙君（2014 年 4 月 13 日）。白家家規，升學前先休學勞動。**聯合報，A8 版**。

林尚儒（2013 年 8 月 23 日）。我們都能是別人的小確幸。**聯合報，民意論壇**。

林欣儀（譯）（2010）。**開口就能說重點：60 秒內讓老闆點頭、客戶買單、同儕叫好的說話術**（原作者：齋藤孝）。臺北市：臉譜。

林麗雪（譯）（2009）。**學校沒教的就業學分：有關求職、加薪、升官、離職的職場生存秘辛**（原作者：Alexandra Levit）。臺北市：遠流。

洪　蘭（2009）。**不想讀，就讓給別人吧**。取自 http://www.cw.com.tw/article/article.action? id=39405

洪懿妍（2012 年 5 月 3 日）。戴勝益：66 人出 1.6 億相挺，開創餐飲王國。**Cheers 雜誌，140**。

張小嫻（2013）。**荷包裡的單人床（第二版）**。臺北市：皇冠。

張宏業（2012 年 11 月 8 日）。教授媽告恐嚇，台大兒：母揮菜刀。**聯合報**，A9 版。

張婷婷（譯）（2013）。**笑臉贏人**（原作者：重田美雪）。臺北市：如果。

許書揚（2013）。**CEO 最在乎的事：職場倫理與工作態度**。臺北市：天下。

陳立恆（2013 年 3 月 22 日）。服務，是為了走更長遠的路。**聯合報，名人堂**。

陳其美（譯）（1999）。**人脈兵法**（原作者：黑川康正）。臺北市：新苗。

陳雨鑫（2013 年 9 月 1 日）。職場 333 阿基師：有得學再求薪資。**聯合報**，B2 版。

陳景淵（2013 年 9 月 13 日）。羅智先：新人面試笑臉迎人，先加 20 分。**聯合報**，AA2 版。

陳雅琦（2014）。1 年外派、5 年跳 4 級的笑容大使。**Cheers 雜誌，163**，120-121。

陳麗卿（2014a 年 4 月 22 日）。面試可以這樣穿／如何避免致命的缺點？**聯合報**，D4 版。

陳麗卿（2014b 年 5 月 27 日）。以俯瞰穿衣法，檢視你的面試服。**聯合報**，D4 版。

游梓翔（1999）。**演講學原理：公共傳播的理論與實際**。臺北市：五南。

楊聖弘（2013 年 4 月 18 日）。貴人是這樣創造出來的。**聯合報**，D4 版。

劉峻谷（2013 年 4 月 24 日）。培養牙醫值多少？母向二兒討學費。**聯合報**，A10 版。

鄭敏玲、朱俊彥（2013 年 6 月 9 日）。**領 22K 不夠花 戴勝益：跟爸媽要**。取自 http://www.appledaily.com.tw/appledaily/article/headline/20130609/35073302/

嚴云農（2013 年 5 月 14 日）。人心的無速限公路。**聯合報**，D4 版。

NOTE
ink

國家圖書館出版品預行編目（CIP）資料

溝通交響樂：大學生的人際溝通／王淑俐著.
--初版.-- 臺北市：心理, 2014.09
面；　公分.--（通識教育系列；33033）

ISBN 978-986-191-616-3（平裝）

1. 人際傳播　　2. 大學生

177.1　　　　103015873

通識教育系列 33033

溝通交響樂：大學生的人際溝通

作　　者：王淑俐
責任編輯：郭佳玲
總 編 輯：林敬堯
發 行 人：洪有義
出 版 者：心理出版社股份有限公司
地　　址：231 新北市新店區光明街 288 號 7 樓
電　　話：(02) 29150566
傳　　真：(02) 29152928
郵撥帳號：19293172 心理出版社股份有限公司
網　　址：http://www.psy.com.tw
電子信箱：psychoco@ms15.hinet.net
駐美代表：Lisa Wu（lisawu99@optonline.net）
排 版 者：辰皓國際出版製作有限公司
印 刷 者：辰皓國際出版製作有限公司
初版一刷：2014 年 9 月
初版二刷：2015 年 10 月
I S B N：978-986-191-616-3
定　　價：新台幣 220 元